实践

2019—2023年
上海市卫生健康系统基层工会
特色工作案例集

上海市医务工会 编

上海科学技术文献出版社
Shanghai Scientific and Technological Literature Press

图书在版编目（CIP）数据

实践：2019—2023年上海市卫生健康系统基层工会特色工作案例集 / 上海市医务工会编. —上海：上海科学技术文献出版社，2024
 ISBN 978-7-5439-9079-1

Ⅰ.①实… Ⅱ.①上… Ⅲ.①医药卫生组织机构—工会工作—案例—上海—2019-2023 Ⅳ.① D412.6

中国国家版本馆CIP数据核字（2024）第093130号

责任编辑：徐　静
封面设计：袁　力

实践：2019—2023年上海市卫生健康系统基层工会特色工作案例集
SHIJIAN: 2019-2023 NIAN SHANGHAISHI WEISHENG JIANKANG XITONG JICENG GONGHUI TESE GONGZUO ANLI JI
上海市医务工会　编
出版发行：上海科学技术文献出版社
地　　址：上海市淮海中路1329号4楼
邮政编码：200031
经　　销：全国新华书店
印　　刷：商务印书馆上海印刷有限公司
开　　本：720mm×1000mm　1/16
印　　张：17.25
字　　数：229 000
版　　次：2024年7月第1版　2024年7月第1次印刷
书　　号：ISBN 978-7-5439-9079-1
定　　价：128.00元

http://www.sstlp.com

编委会名单

顾　问：闻大翔

主　编：罗　蒙

副主编：郑　锦　赵丹丹　方秉华　付　晨
　　　　　何　园　马艳芳

编委会（按姓氏笔画排序）：

马建发　江欲红　池朝霞　牟　姗　李　耘
周　莹　郑兴东　柯　婷　俞郁萍　姚　政
耿道颖　高　源

PREFACE 实践 EXPERIENCE

序

党的二十大擘画了全面建设社会主义现代化国家、以中国式现代化全面推进中华民族伟大复兴的宏伟蓝图，吹响了奋进新征程的时代号角。新征程上，各级工会组织要坚持忠诚党的事业、竭诚服务职工，以更加豪迈的姿态、勇于担当的精神，团结引导广大职工群众坚定不移听党话、跟党走，为全面建设社会主义现代化国家、全面推进中华民族伟大复兴发挥主力军作用。

过去五年，上海医务职工与党同心、跟党奋斗，以"无惧风雨"的实干之志，凝聚"众志成城"的团结之力，全心全力投入医疗救治和疫情防控，守护人民群众的健康安全，共同推动上海卫生健康事业高质量发展，展现了敢打硬仗、勇挑重担的时代风采。系统内各级工会在加强职工思想政治引领、推动职工队伍凝心聚力、加大服务保障和关心关爱、强化工会组织自身建设等方面开展了大量卓有成效的工作，工会组织的政治性、先进性、群众性不断增强，工会工作的实效性、满意度和凝聚力不断提升。

我们将2019年以来系统内各级工会的特色工作汇总成案例集，以期更好地记录五年来取得的丰硕成果，更好地从生动鲜活的基层实践中汲取智慧，推动相互学习、交流借鉴，进一步把握规律、启发思路、凝聚共识，持续推动上海卫生健康系统工运事业和工会工作开创新局面。

因编辑时间紧迫，书中如有疏漏和不妥之处，敬请大家批评指正。

罗 蒙

上海市卫生健康委副主任、上海市医务工会主席

2024年5月

CONTENTS 目录

>> 服务卫生健康事业发展

加强职工思想政治引领　助力医院高质量发展
　　　　　上海交通大学医学院附属瑞金医院工会 / 3

宣传弘扬劳模精神　推动职工队伍建设
　　　　　　　　　　上海市青浦区医务工会 / 9

以文化人　凝心聚力　助力医院转型发展
　　　　　　上海市宝山区中西医结合医院工会 / 13

聚焦"数智"要求　拓展职工科技创新思路
——华东医院工会承办国家级医学继续教育项目
　　　　　　　　　　　　　　华东医院工会 / 18

多措并举激励扶持　全方位提升职工科创能级
——华山医院开展职工岗位科创扶持激励项目
　　　　　　　　　复旦大学附属华山医院工会 / 21

以"匠人之心"　培育"医者之林"
　　　　　　　复旦大学附属妇产科医院工会 / 27

激发职工聪明才智　推进企业创新发展

　　上海生物制品研究所有限责任公司工会　/　32

开展"天使护航"竞赛　提升医疗服务水平

　　上海市浦东新区医务工会　/　35

汇聚医务职工力量　打造劳动和技能竞赛亮丽名片

　　上海市金山区医务工会　/　39

>> 推动医务职工文化建设

以系列专题活动传承一妇婴"爱"的文化

　　上海市第一妇婴保健院工会　/　45

建设工会文化阵地　丰富职工文化生活

　　上海中冶医院工会　/　50

多彩文化活动解锁职工"快乐密码"

　　上海市宝山区罗店镇社区卫生服务中心工会　/　56

相会书籍海洋　品味阅读快乐

　　——九院工会持续打造职工读书节

　　上海交通大学医学院附属第九人民医院工会　/　60

培育"同济悦读"品牌　丰富医院文化内涵

　　同济大学附属同济医院工会　/　67

杏苑书香　文化利民

　　上海市中医文献馆工会　/　72

"新华诵读班"为医院文化建设增添亮色

　　上海市长宁区新华街道社区卫生服务中心工会　/　76

因地制宜打造职工满意的文化体育盛会

　　复旦大学附属中山医院工会　/　80

银球为媒　创建群众性体育运动特色品牌
　　上海市疾病预防控制中心工会　/　84
引领职工奔跑在健康路上
　　复旦大学附属眼耳鼻喉科医院工会　/　87
激发职工文体社团活力　提升医院"软实力"
　　上海市闵行区中心医院工会　/　90
多元"微社团"为文化建设开辟新路径
　　上海市金山区疾病预防控制中心工会　/　95

>> 深化院务公开民主管理

创新职代会形式　推进医院民主管理
　　上海市肺科医院工会　/　101
规范职工代表履职　推动民主管理落到实处
　　上海市精神卫生中心工会　/　105
组建民主管理联络员队伍　助力医院高质量发展
　　上海交通大学医学院附属瑞金医院卢湾分院工会　/　109
推进职代会制度建设　维护职工民主权利
　　上海市虹口区医务工会　/　113

>> 加大医务人员关心关爱

实施员工关爱计划　促进医务人员职业健康
　　复旦大学附属华山医院工会　/　121
全面落实员工关爱　打造温暖职工之家
　　上海市胸科医院工会　/　126

传递关心关爱　畅通民情民意
　　——市中医医院开设"心灵茶吧"
　　上海市中医医院工会　/　130

心系一线　情暖后方
　　上海市黄浦区卫生健康国资管理中心工会　/　134

落实精准帮扶　为困难职工雪中送炭
　　上海中医药大学附属龙华医院工会　/　139

打造标准化职工休息室　为医务人员提供"幸福新空间"
　　上海交通大学医学院附属瑞金医院工会　/　142

以"桥"为纽带　打造暖心之"屋"
　　上海市徐汇区长桥街道社区卫生服务中心工会　/　146

齐心协力抓落实　打造舒适温馨的职工休息空间
　　上海市杨浦区医务工会　/　150

打造幸福新空间　展现工会新作为
　　——嘉定区医务职工休息室建设改善工作取得实效
　　上海市嘉定区医务工会　/　154

>> 促进医务人员身心健康

全方位为职工健康保驾护航
　　——市一医院落实职工健康保障工程
　　上海市第一人民医院工会　/　161

多元化健康服务　打造职工健康促进"生态圈"
　　上海市保健医疗中心工会　/　164

实施健康促进计划　增进职工健康福祉
　　上海市儿童医院工会　/　168

音乐治疗为急诊医务人员舒缓减压
  上海市第十人民医院工会 / 174

开展职工心理健康管理　构建积极向上的工作氛围
  上海市健康促进中心工会 / 178

改善心理韧性　助力心理成长
  ——新华医院工会开展"心成长"青年护士心理韧性发展研究
  上海交通大学医学院附属新华医院工会 / 182

为抗疫一线医务人员送上心理关怀
  ——儿科医院开设职工减压直播间
  复旦大学附属儿科医院工会 / 186

多管齐下　为员工身心健康"加油"
  复旦大学附属肿瘤医院工会 / 189

创建"曙光小筑"　为医务人员提供心理服务
  上海中医药大学附属曙光医院工会 / 193

打造"阳光驿站"　开展职工心理服务
  上海中医药大学附属岳阳中西医结合医院工会 / 197

汇心疗愈　心理健康服务进社区
  上海市徐汇区医务工会 / 202

织就服务网络　构筑健康港湾
  ——普陀区精神卫生中心开展医务人员心理健康促进服务
  上海市普陀区精神卫生中心工会 / 206

传递温情　解码心灵
  ——嘉定区中心医院工会实施"心悦湾"心理关怀项目
  上海市嘉定区中心医院工会 / 211

开展心理关爱服务　帮助职工纾解工作压力
  上海市奉贤区南桥镇社区卫生服务中心工会 / 215

>> 关注医务女性特殊需求

聚焦女职工需求　构建关爱服务工作体系
　　上海市第六人民医院工会　/　221

关心"医二代"成长　为女职工排忧解难
　　——儿科医院工会实施职工子女正向成长关爱计划
　　复旦大学附属儿科医院工会　/　227

"萌新宝妈加油站"　为医务女职工心理健康赋能
　　上海交通大学医学院附属新华医院工会　/　231

开展职工家庭服务　增进职工家庭幸福
　　上海交通大学医学院附属仁济医院工会　/　235

健康直通车　服务零距离
　　上海市普陀区妇婴保健院工会　/　239

>> 强化工会组织自身建设

推进智慧工会建设　打造服务职工的网络平台
　　上海市第一人民医院工会　/　245

借助"会助理"平台　推进工会工作提质增效
　　上海市闵行区梅陇社区卫生服务中心工会　/　248

履行维权服务职责　当好新就业形态劳动者的"娘家人"
　　上海市静安区医务工会　/　252

以文化建设助力打造温暖职工之家
　　上海市松江区泗泾医院工会　/　256

竭诚服务职工　增进职工福祉
　　上海健康医学院附属崇明医院工会　/　260

01 EXPERIENCE 实践

服务卫生健康事业发展

上海交通大学医学院附属瑞金医院工会

加强职工思想政治引领　助力医院高质量发展

做好职工思想政治工作，团结引导广大职工听党话、跟党走，是工会组织必须履行好的政治责任。上海交通大学医学院附属瑞金医院工会（简称"瑞金医院工会"）始终将职工思想政治引领作为一项"置顶"工作全力推进，通过开展各类红色主题宣传教育、实践活动等，加强劳模精神引领、职业精神培育，持续深化职工文化建设，推动职工思想政治内化于心、外化于行，为医院高质量发展凝心聚力。

一、注入红色动能，主题教育深入人心

巩固党执政的阶级基础和群众基础是新时代职工思想政治工作的根本任务。瑞金医院工会积极履行政治责任，注重弘扬红色文化、传承红色基因，探索创新职工思想政治引领的方式方法，通过组织学习、座谈交流、实践活动等多维度多形式进行宣传实践，并在各类主题教育活动中不断加强职工思想政治引领。先后举办"我和我的祖国"诗·歌咏唱会（图1），以诗抒怀、以歌传情，表达医务职工对祖国的祝福与热爱；积极参与中国共产党一大、二大、四大纪念馆红色专车试运行活动，组织职工打卡红色地标，追寻红色记忆；组织职工参观"伟大开端·中国共产党创建历史图片展"、观看《1921》等红色电影、参加"复兴路上"音乐党课等，充分激发职工爱党、爱国、爱院的热情。

医院工会积极引导各部门工会组织开展了活动形式多样、特色鲜明、

图1 "我和我的祖国"诗·歌咏唱会剧照

参与面广的"不忘初心医路行,敬佑生命助健康"思想引领主题教育,推动爱国主义教育、职业精神教育和科室文化建设有机结合,将职工思想政治工作贯穿其中,不断凝聚团结向上的人心力量。

二、弘扬劳模精神,凝聚医务职工奋进力量

劳模的先进事迹和崇高精神是职工思想政治教育的生动教材,为医务职工树立了新时代学习的榜样。自1956年起,瑞金医院医务人员和集体多次获得全国先进工作者、全国卫生系统先进工作者、全国五一劳动奖章、全国工人先锋号、上海市先进工作者和先进集体等荣誉称号。近年来,医院工会切实发挥劳模先进引领示范作用,持续打造品牌栏目"瑞金劳模讲堂"(图2),先后邀请深耕学科三十余载,医教研并举的病理科主任王朝夫;坚守从医路,不断攀登医学高峰的胸外科主任李鹤成;勇于担当、奔赴"疫"线,践行南丁格尔精神的护士代表崔洁等数名劳模先进做客"瑞

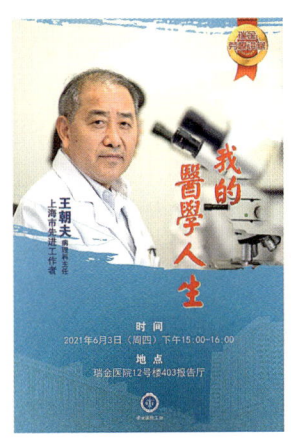

图 2 瑞金劳模讲堂

金劳模讲堂",分享他们各自的奋斗历程与医学人生,以切身体会讲好劳模故事、传递劳动精神、彰显劳动价值,进一步激发广大职工的劳动热情和创造活力,推动医务职工队伍整体素养提升,积极投身医疗卫生事业。

与此同时,医院工会充分利用劳动报、上海医工报、市医务工会及医院公众号等,大力开展劳模、工匠等先进事迹宣传。先后为郑民华、陈尔真等制作劳模微视频,取得良好的宣传教育效果,并在卫生健康系统劳模微视频评比中获得佳绩。

三、厚植文化自信,持续深化职工文化建设

以先进文化培育职工,打造健康文明、昂扬向上、全员参与的职工文化。医院工会注重以职工文化建设为载体,不断创新形式和途径,增强职工文化自信,培育医务职工思想教育和职业精神,树立医院和行业新风。五年来,瑞金医院工会精心策划多部职工原创精品剧目,将舞台艺术与职工思政、职业精神课堂有机结合,促使艺术展演与思政教育同频共振。医疗话剧《抉择》(图3),直面医患矛盾、重温医者初心;全国首部抗疫音乐剧《那年那时那座城》(图4),演绎生命至上、信念永存的医者大爱精神;

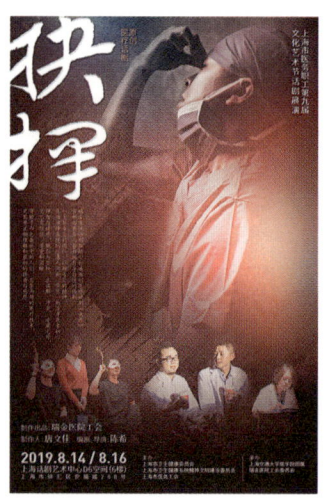

图3 医疗话剧《抉择》海报

图4 全国首部抗疫音乐剧《那年那时那座城》演员合影

医学先辈大师剧《大师》（图5）讲述一代医学巨擘邝安堃教授的从医故事与奋斗历程，追寻前辈足迹，传承医学使命，让广大医务职工在深度参与中汲取智慧，受到教育和启迪。

医院工会从实际出发，持续推动"瑞金文化"在全体员工中的深耕厚植。结合四史教育要求组织医务职工在院内开展"学四史、明院史——走·读文化寻访活动"（图6），走进历史现场、讲述瑞金故事；推出"建筑

图 5 医学先辈大师剧《大师》剧照

可阅读,感受最美瑞金"专项培训活动,将优秀历史建筑、医学经典事迹、静谧宁和院区深度融合,营造"可阅读、可讲述、可漫步"瑞金文化氛围,让更多职工了解百年老院的优秀历史与先辈大家的精神品格,感受瑞金的辉煌成就,感悟身为"瑞金人"的自豪和责任担当。

图 6 "学四史、明院史——走·读文化寻访活动"场景

近年来,瑞金医院工会始终坚持党的领导,围绕中心、服务大局,在加强职工思想政治引领方面,不断优化工作方式方法,创新工作形式载体,

一些主题活动及项目形成了品牌系列和工作特色，实现了"活动有延续、职工有响应、引领有增效"的良好局面。

> **点评 COMMENT**
>
> 瑞金医院工会切实提高政治站位，始终把职工思想政治工作作为一项重大政治任务抓常抓细抓好，坚持守正创新，注重深度广度，持续探索和丰富形式内容，在典型引领、平台建设、职工文化等方面形成了特色项目和品牌，凸显了实际工作成效，也进一步提升了广大职工的政治觉悟与职业认同感，为医院的高质量发展提供了强大动力。

上海市青浦区医务工会

宣传弘扬劳模精神　推动职工队伍建设

习近平总书记指出，劳动模范是民族的精英、人民的楷模，是共和国的功臣。目前，青浦区医务系统有14名劳模，近三年来，又有2人获评上海市五一劳动奖章、2家集体获评"上海市工人先锋号"称号、3人获评"青浦工匠"称号、命名5家"劳模工作室"，涌现了一批先进集体和个人。区医务工会发掘劳模资源，大力宣传学习劳模精神，发挥其示范带动作用，以劳模等先进典型为引领，加强医务职工队伍建设，推动本地区医疗服务水平不断提升。

一、挖掘先进典型

青浦区医务工会近年来坚持党建带工建，大力培育基层先进典型，特别是各条线、各科室真实朴实、在职工身边的鲜活生动的先进代表。注重在一线挖掘、在一线培育、在一线选树，作为创先争优的有力举措。全国劳模杨丽芳从事护理工作30余个年头，她为人低调、踏实肯干，始终以党员标准严格要求自己，用细心、爱心、耐心和责任心服务于每一位患者，得到了同事及患者的一致认可。平时在繁忙工作之余，她积极主动热心公益，定期至农村、社区、敬老院进行护理义诊活动，并将此作为常态化开展项目。

2013年，医院九病区成立了以她名字命名的"杨丽芳优质护理服务团队"，对高龄、行动不便的出院患者上门护理，推出了一系列护理工作新举措,将其优质护理服务团队中的成员纳入"培养库",在区医疗行业中有很大的影响力。2021年10月,"杨丽芳劳模创新工作室"揭牌(图1)。

图1 2021年,"杨丽芳劳模创新工作室"揭牌

丰富完善创先争优的实践平台,让带头学习提高、带头争创佳绩、带头服务群众、带头遵纪守法、带头弘扬正气的先进职工快速成长,形成比学赶帮超的好氛围。护士王菊莉在刚参加工作不久就遇"非典"疫情,她主动投身到"非典"医院的建设中;汶川地震,她义无反顾地赶赴危险的灾区,真诚无私地救治、护理、安抚每一个需要帮助的人;援建云南,王菊莉满腔热情,横跨三州,为当地老百姓开展义诊服务,参与爱心公益活动。2020年初,新冠病毒汹涌来袭,她又主动请缨成为上海市第一批援鄂医疗队的一员,在两个多月的援鄂抗疫中,她和她的团队共收治护理危重病人约90人,实现全队零感染。从一线走出来的王菊莉得到了大家的认可,先后获得上海市先进工作者、上海市优秀共产党员、全国"三八红旗手"等称号,2022年成立"王菊莉劳模创新工作室"。这些先进人物和事迹,成为区医务系统开展宣传和学习的重要资源。

二、大力宣传先进典型

区医务工会利用线上+线下融合的形式，建设立体和丰富的学习平台，以专题党课、网络直播、视频课程、微信公众号等多样化形式，共计33批次，将劳模的先进事迹和精神内涵传递到每一位医务工作者。发挥系统内劳模（工匠）创新工作室的示范引领作用，激发广大医务工作者提高医疗水平，改善医疗服务质量，提升群众满意度的岗位建功热情和比学赶超劲头。举办"劳模先进事迹报告会"，聆听劳模故事，汲取榜样力量，让劳模先进走进社区、走进学校、走进企业，用她们的亲身经历，朴素的语言讲述了自己努力工作、勇于创新、匠心筑梦的感人故事。制作劳模微视频宣传片，多平台、多渠道播放宣传，让大家通过生动的影像更直观感受到先进典型的事迹可学可行，变个体效应为群体效应（图2）。

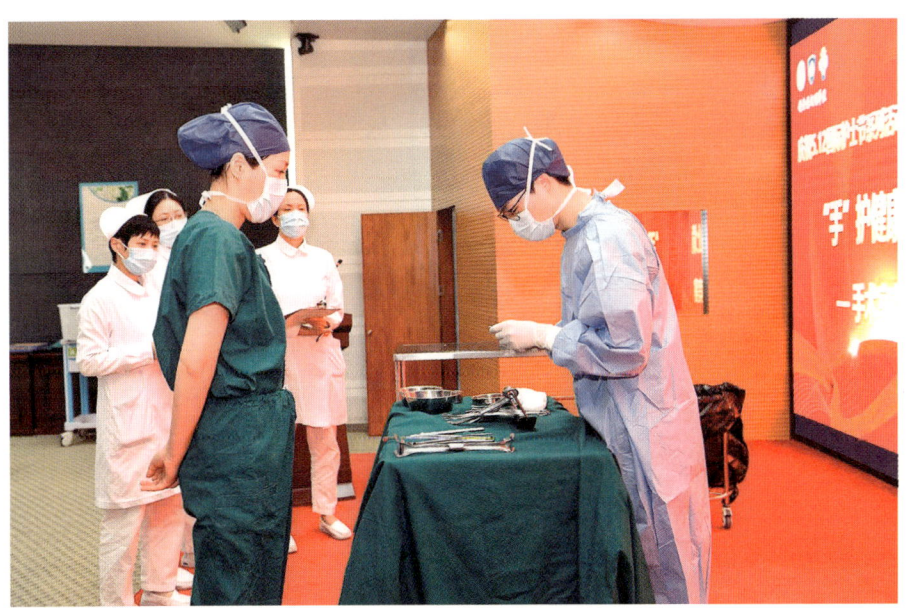

图2　王菊莉参加单位手术室专科技能竞赛

点评 COMMENT

劳动模范是职工队伍的杰出代表,劳模精神是时代精神的生动体现,青浦区医务工会在创先争优中充分发挥劳动模范和先进人物的引领作用,让这些职工身边的人和事教育感召职工群众,以劳模精神激励广大医务职工提高医疗服务技能,更好服务地区广大群众。

上海市宝山区中西医结合医院工会

以文化人　凝心聚力　助力医院转型发展

上海市宝山区中西医结合医院（简称"宝医"）有着八十六年的历史，前身为宝山医院。医院在长期的发展中凝练形成"厚德、敬业、求精、图强"的宝医精神，医院工会以推进职工文化建设为己任，着眼于职工文化品牌的创建、维护、深化，职工文化活动在宝医蓬勃发展、硕果累累。2009年医院转型为中西医结合方向，职工文化建设围绕医院发展定位，搭建了促进中医药内涵建设、夯实中西医文化融合的平台，鼓励广大职工"西学中"转型，推进职工队伍建设。在苦练内功、夯实基础的同时，传承弘扬了医者大爱、服务社会的文化品牌，为医院的顺利转型发展，更好服务社会发挥了积极作用。

一、加强文化引领，凝聚奋进力量

职工文化活动在宝医有着良好的传统。自1999年宝医就创建了"展艺术风采、建幸福家园"——宝医文艺汇演（图1），至今已连续举办18届，职工参与率、该品牌的辐射度、质量内涵和社会影响力不断提升。2019年以来先后开展文明在身边 "匠心建宝医""活力溢宝医""逐梦铸宝医""华彩耀宝医" 4个系列100多项文化活动。医院先后举办庆祝中华人民共和国成立70周年、庆祝建党100周年等系列活动，讴歌伟大党、伟大祖国的主题教育；每年举办职工文化艺术节，中医文化节等活动，弘扬社会主义先进文化，大力开展爱国、爱院、爱科主题教育；鼓励支持各班组举办形

图 1　医院举办第十七届职工文艺汇演

式多样的职工文化活动，如：连续举办七届妇儿班组的"女人缘"、门急诊护理班组连续举办四届"我和春天有个约会"等文化活动，立足科室特色，激发职工爱国、爱院、爱科的热情。宝医工会先后成功创建区、市级职工书屋示范点，上海市五星级职工书屋，上海市妇女之家示范点。

二、推动社团建设，打造文化品牌

近年来，医院职工社团建设欣欣向荣，全院 11 个职工文化社团，经多年来的学习、训练，很多社团不再停留在自娱自乐，已经逐渐向专业化靠拢，职工人文素质有效提升（图 2～3）。合唱社团以宝山区歌咏大赛成人组第一名的成绩，参加了宝山区庆祝改革开放 40 周年"撤二建一"30 周年文艺演出。舞蹈社团的舞蹈《霓裳飘飘》荣获上海市总工会庆"三八"女职工风采主题展示活动优秀奖；舞蹈社团自编自演的《医者行囊》、《逆行天使》受邀到很多场合展演，充分展示了医务职工的高尚风采，并获得宝山区和上海市级比赛一等奖，还受邀参加上海电视台的"我要上春晚"节目展示。"二月书社"的 3 个项目获上海读书节优秀项目。摄影社团的

《轮椅》获上海市医院新媒体宣传节最佳作品奖,并入围北京国际网络展和罗马独立电影节展示;《纸上芭蕾》荣获上海市医务职工第九届文化艺术节摄影大赛最佳摄影奖;《我爱我的祖国》获微视频、微摄影比赛"学习强国"上海学习平台二等奖等。

图2 医院11个职工文化社团活动

图3 职工自编自演的《医者行囊》

三、创学习型组织，助力职工成长

为实现医院顺利转型，宝医加强职工队伍建设，优化人才梯队结构。与市中发办、上海中医药大学等多方协作，自2010年起开办了多期西学中班，促进了医护职工在家门口读书、接受继续教育的热情，先后有320名医护人员进行了西学中学习。医院积极制定政策，鼓励医护职工提升学历和职称，通过内培外引，医院目前有硕士、博士研究生学历235人，占医生比例59.90%；高级职称135人，区级名中医12人。

宝医工会大力倡导全院职工"医"路比学赶超，在院内与医疗、护理、宣传等多条线通力合作，定期开展岗位练兵、比武等活动，还与兄弟单位或跨区开展一些岗位促进活动，受到院内、院外广大医务职工的欢迎，有效激励医院职工学为人先，营造了博文育人的职工文化氛围。号召全体班组创建学习型班组、全院职工争做知识型员工。开展了院级"巾帼标兵""巾帼创新工作室""学习型班组""知识型员工"的争创活动，为区、市级优秀人才做好孵化作用。近年，先后成功创建2个上海市劳模创新工作室，1个市巾帼文明岗，1个市巾帼创新工作室，1个市技师创新工作室，2个区巾帼创新工作室，2个区工匠创新工作室，2个区劳模创新工作室；1名全国巾帼标兵，2名市劳模，1名市工匠，4名区工匠。

四、延续服务品牌，弘扬医者大爱

宝医工会注重培育弘扬医院长期以来服务百姓的品牌形象。组织职工开展惠及周边群众的服务活动。针对当今百姓日益迫切的健康需求，以线下和线上两种形式传递科普知识，在门诊大厅开设"宝医健康讲堂"，定期举办健康知识讲座，在微信公众号推出"宝医·科普"专栏，以推文及微电影形式推广疾病科普知识。

自2009年转型为中西医结合方向后，鼓励广大职工"西学中"，对内培育中医药文化和推广中医适宜技术，寻找中西医结合立体化、融合化、体验化新模式；对外传播中医药理念，自2010年开始的一年一度中医文化节通过夏季敷贴、冬令膏方、冬季敷贴、大型义诊、社区讲座、中医药知识普及等系列活动，弘扬和宣传中医药文化，将祖国传统医学惠及更多百姓。其中，作为中医文化节系列项目之一的"一起来做养生操"收录了宝医各班组职工科学编排的11套养生操，已成为宝山区甚至是上海市的知名公益文化品牌，服务范围涵盖37家社区、13家机关单位、办公楼宇、部队、养老院、学校，惠及百姓3万余人。

医院早年开展的"按需理疗""送医上岛""党团员志愿者天天岗""产妇的娘家人"等有着深厚群众基础及旺盛生命力的服务品牌一直延续至今。在此基础上已连续6年开展的"关爱患者，从细节做起"十大细节服务品牌评选活动已成为医院改善服务质量、展示人文关怀的重要平台，6年来共征集细节服务举措213条，医院拍摄的以细节服务为素材的专题宣传片《做一家有温度的医院》荣获"改革开放40周年上海思想政治工作创新成果优秀品牌奖"。

> **点评 COMMENT**
>
> 宝山中西医结合医院工会弘扬长期历史积淀而形成的医院文化价值体系，将职工文化建设主动对接、服务国家和上海卫生健康事业发展战略，围绕提素质、造人才、塑品牌、出成果，搭建多元平台，有效发挥职工文化在医院创建全国文明单位、三甲医院复评审、附属医院创建进程中的引领力、凝聚力和支撑力，为促进医院成功转型和健康发展发挥了重要作用。

华东医院工会

聚焦"数智"要求　拓展职工科技创新思路
——华东医院工会承办国家级医学继续教育项目

  2021年，华东医院工会成功申报并获准承办主题为"着眼医务职工'数智'医学科技创新，推进公立医院高质量发展"的国家级医学继续教育项目。该项目是按照《中华人民共和国国民经济和社会发展第十四个五年规划和2035年远景目标纲要》提出的"实现医疗智慧便捷服务和智慧医疗数字化场景"的要求，以发挥职工科技创新主力军作用、提升职工医学科技创新能力、推动医院高质量发展为目的的一次职工培训活动，是卫生健康系统基层工会第一次承办的国家级医学继续教育学习班。

  在2022—2023年举办的两期学习班上，来自包括华东医院在内的多家三甲医院以及部分区县医院近600名职工参加学习。学习班邀请专家深度解读了国家"十四五"规划下智慧医疗数字化场景和最新案例，围绕医院"数智化"建设成果与发展趋势、公立医院高质量发展与"数智"创新进行融合与转化途径等内容，进行授课并分享了实践经验。

  学习班不仅邀请了卫生政策研究专家、智慧医院建设技术专家、高级医院管理者，也邀请了部分医院工会主席、副主席以"激发医院职工岗位创造的新思路与新途径""加强公立医院职工创新文化建设"等为主题进行了授课或交流，还邀请了龙华医院劳模方邦江教授（图1）、瑞金医院劳模王朝夫教授（图2）、上海医务工匠获得者华东医院白姣姣教授等劳模工匠传授如何结合岗位进行创新的方法和经验。

图 1 龙华医院劳模方邦江教授授课

图 2 瑞金医院劳模王朝夫教授授课

该项目帮助参加学习的职工了解了"数智"化医院建设的新动向、新趋势、新标准，有效激发了他们的岗位创新思路和创造力，并在岗位创新上取得了丰硕成果。以华东医院为例，职工发明项目"眼科手术人工智能辅助系统""医院经济运营绩效分析评价系统""新型改良式咽通气管""一种有机光热埋线材料及其制备方法""肉毒毒素针剂组治疗玫瑰痤疮的定位定量注射装置"等分获上海市职工优秀发明选拔赛金、银、铜奖；"一种防止树叶及垃圾堵塞的室外下水地漏"等项目获上海市职工合理化建议创新奖及上海市医务职工科技创新"星光计划"奖项，每年职工申报、获得各类专利近20项。

点评 COMMENT

华东医院工会承办的"着眼医务职工'数智'医学科技创新，推进公立医院高质量发展"的职工教育项目，是由基层工会首次成功承办的国家级医学继续教育项目。培训内容紧扣医院"数智化"发展要求，不仅有管理、技术专家讲授医学创新的趋势、思路和方法，也有部分医院工会主席、劳模工匠就如何立足岗位开展创新传授了经验，不仅弘扬了劳模工匠的创新精神，也突出了学习班"工"字特色，体现了工会主动适应医学科技发展，引领职工开展岗位创新的积极作用。

复旦大学附属华山医院工会

多措并举激励扶持　全方位提升职工科创能级
——华山医院开展职工岗位科创扶持激励项目

职工岗位科技创新是医院提升综合实力和可持续发展动力的基础，近年来华山医院工会在院党政领导的关心支持下，以岗位"学习、创新、成才、奉献"为主题，搭建职工创新平台、营造创新环境、增强创新动力、完善创新机制，在原有的"华山医院青年职工岗位成才&科技创新激励计划"基础上，进一步创立"华山医院职工岗位科创扶持激励项目"，为医院职工职业发展提供支撑，取得良好效果。

"华山医院职工岗位科创扶持激励项目"通过岗位科创项目孵化、项目选树、项目成才三个阶段（图1），以不同形式的扶持激励措施，助力职工岗位科创。

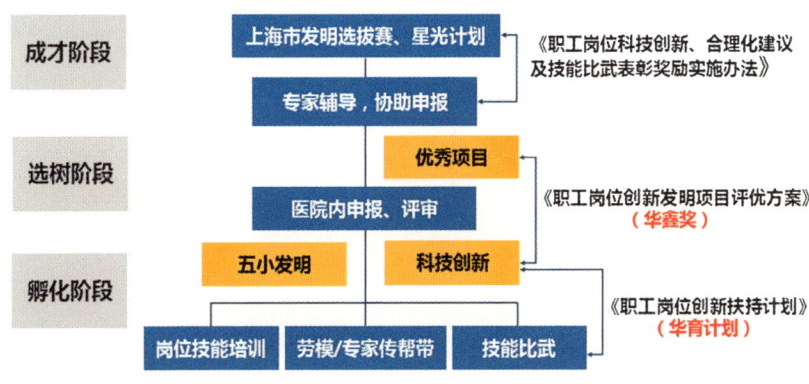

图1　项目设计图

一、孵化阶段

健全培训制度，提升职工岗位创新能力 每年开展"添一样工具，多一种技能"为主题的华山职工岗位创新及综合素质系列培训，先从职工中征集培训内容，做到职工要听；再结合医院发展要求，做到职工该听。根据前期征集的职工意见，如"知识产权与优秀发明申报技巧""解析优秀发明项目"，使职工了解专利申报的必要性，认识岗位创新的重要性，明确创新项目奖项申报渠道，掌握优秀项目申报技巧。再如每年开展的职工综合素质培训，包括："服务技能和沟通技巧""神经科高手是如何炼成的""从龟甲壳到互联网""临床医生需要知晓的文献检索知识"等，这些讲座紧扣医学人文精神培育和职业技能素质培养，是医护人员的综合素质和创新能力的加油站。

搭建比武平台，激励职工提升岗位技能 以赛促学，以赛促练，广泛开展岗位练兵、技能比赛活动，为职工个人职业生涯规划、职业技能发展搭建了平台和激励机制，同时为提升医院综合竞争力和医院文化建设起到积极的推动作用。"华山武林大会"职工岗位技能比武品牌项目，形成了涵盖护理技能、医疗急救、合理用药（图2）、院感防控、安全生产、科普演讲、保洁技能等岗位技能培训系列竞赛。

发挥劳模传帮带，营造岗位成才的文化氛围 通过"劳模创新工作室"传帮带（图3），发挥示范引领作用，营造有利于高技能人才脱颖而出的良好环境。如我院吴劲松、花玮、朱凤平等选拔赛获奖者都是在"周良辅神经外科劳模创新工作室"带领下培养出来的。

创设"华育计划"，扶持职工岗位科创新项目 "华育计划"（图4）通过发掘医疗医技、护理、管理、后勤等领域更多具有推广价值和发展潜力的原创项目，为前期孵化、专利申请及实施推广提供一定扶持，为后期成果参加院内"华鑫奖"评选、"星光计划"、市优秀发明选拔赛以及成果

图 2 合理用药知识竞赛

图 3 劳模传帮带

转化打下基础,力争为医院科技创新做到早发现、早培养、早扶持、早评优。

图4 "华育计划"答辩

二、选树阶段

搭建岗位成长阶梯,建立职工创新激励制度 创设华山医院职工岗位创新发明项目评优方案("华鑫奖",院级),通过院内评选职工岗位创新优秀项目给予奖励("华鑫奖",院级),院工会积极做好择优推荐申报参评"星光计划"(局级)及市优秀发明选拔赛(市级)。定期开办"华山医院职工科技节",展示各级优秀成果,促进科室间交流学习。成立"成长驿站"青年成长辅导工作室,为青年职工提供职业生涯规划、心理成长、工作生活困惑等方面的辅导服务。

积极申报项目评奖,推动职工岗位科创升级 自2019年来,先后选送了40余项优秀技术创新项目参加上海市优秀发明选拔赛,选送26项优秀项目参加上海市医务工会"星光计划",许多职工通过选拔赛脱颖而出,提升了医院创新能力,激发了职工岗位科创积极性。

三、成才阶段

通过近三年前期创新意识推广培养、中期创新平台搭建选树、后期创新成果奖励宣传（图5），"华山医院职工岗位科创扶持激励项目"使医院工会在申报市级、局级各项比赛中屡有斩获。其中获上海市优秀发明选拔赛金奖6项、银奖7项、铜奖17项，上海市职工优秀创新成果奖三等奖1项，上海市职工合理化先进操作法创新奖和优秀成果各1项，上海市医务工会"星光计划"一等奖2项、二等奖2项、三等奖4项；1人获上海市医务职工科技创新"星光计划"创新之星，1人获上海市优秀发明选拔赛优秀组织奖。这在上海市卫生系统中名列前茅。三年来，有近60名青年医务人员从这个计划中脱颖而出，成为华山医院可持续发展的强大内在驱动力。

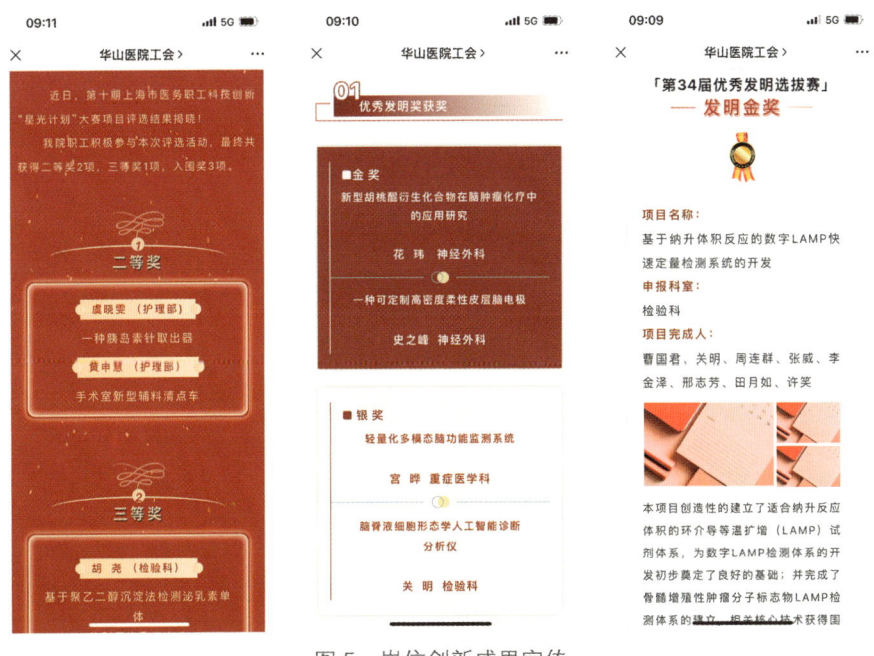

图5　岗位创新成果宣传

点评 COMMENT

"华山医院职工岗位科创扶持激励项目"是卫生健康系统内首创的针对临床青年职工成长成才和职业发展的扶持激励计划，特色鲜明，具有系统性、针对性、导向性和创造性。在上海建设"具有全球影响力的科创中心"的大背景下，华山医院从制度上优化了医院职工岗位成才和科技创新环境，在机制上多部门联动，通过多种载体和培训—练兵—竞赛—评奖—展示等多环节，全面提升了华山医院职工科创能级，在系统内具有引领和示范效应。

复旦大学附属妇产科医院工会

以"匠人之心" 培育"医者之林"

贯穿全年的岗位技能竞赛是复旦大学附属妇产科医院的传统。为认真落实习近平总书记关于健康中国建设的重要论述，进一步深化医疗卫生体制改革，加强医院内涵建设，提高本院专业技术人员的理论业务水平、基本医疗技术和公共卫生服务能力，激励广大医务人员立足本职、爱岗敬业、刻苦钻研的工作热情和创新活力，同时展现职工专业的职业素养和积极向上的精神风貌，医院工会根据卫健委《全国医疗卫生系统"三好一满意"活动2012年工作方案》，结合医院特色和中心任务，制订《职工岗位技能竞赛活动实施方案》，将岗位技能竞赛贯穿全年，并挂钩中层干部考核、党支部量化考核、个人评先评优。在全院范围内，掀起矢志创新、积极奉献、蓬勃向上的良好风气。

一、鼓励岗位建功，助力岗位成才

秉承工会牵头、督导、经费支持，各部门科室制定方案、自主报名、开展比赛的高效模式，工会根据职工需求，坚持做好对各科室岗位技能竞赛的动员及经费投入工作，协助各科室办好岗位技能竞赛（图1），通过协办竞赛让广大职工积极展示岗位技能，形成爱岗敬业、岗位成才的良好氛围。

2021年，共举办8场，661人参加；2022年，开展12场，760人参加；2023年，举办13场，1509人参加。参与人数逐年增长，覆盖科室逐渐

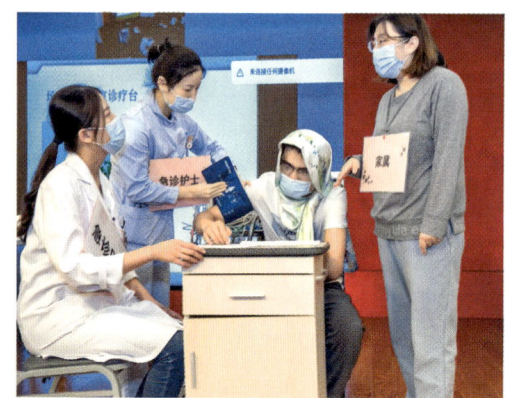

图 1　2020、2023 年妇科部岗位技能竞赛

延伸，妇科部、产儿部、护理部、麻醉科、病理科、手术室、门诊办公室、信息科等多个部门科室纷纷加入。

例如妇科部"绿色通道——无核酸休克患者救治"应急演练，从妇科门诊到急诊，从隔离手术室到隔离病房，演练由普通妇科、妇科内分泌与生殖医学科牵头，黄浦急诊组织，医务科、麻醉科、手术室、门急诊、超声科、血液科、工会、后勤及保卫共同参与，进一步强化职工对各类紧急情况的了解学习，提高医务人员在应急情况下的实践操作技能，增强团队协作能力及凝聚力（图2）。

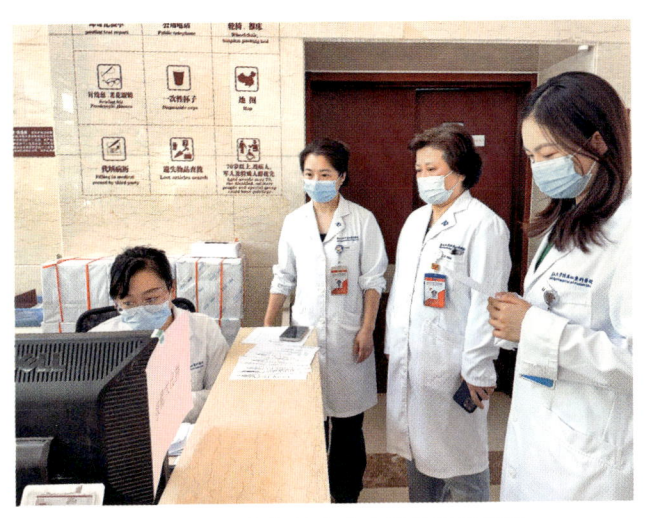

图 2　2023 年门诊办公室岗位技能竞赛

杨浦手术室举办"防护服穿脱及新冠知识竞答"活动，47 名护理人员参加竞赛。活动强化职工对新冠知识的学习，提高手术室人员在个人防护等方面的实践操作技能。检验科开展"核酸检测之星"比赛（图3），提升检验人员的专业技术水平，激发职工立足岗位、钻研业务的工作热情和创

图 3　2023 年检验科岗位技能竞赛

新活力。药学部于线上开展"创新型劳动竞赛",10支队伍展开激烈角逐,以PPT形式逐一展示工作中的创新性举措与建设性意见,观点新颖,表达清晰,展现了红房子药学人的科学洞见与专业实力。

乳腺科、放射科、产儿部、新生儿科、信息科、教育科、输血科……院工会广泛动员全院范围内的各科室,号召所有科室结合自身岗位特色与重点,开展形式多样、内涵丰富,有深度、有质量的岗位技能竞赛(图4)。全年贯穿、全院参与……岗位技能竞赛既是院工会增强职工凝聚力的重要抓手,又是推动岗位建功、助力岗位成才的重要体现。

图4 2021年乳腺科岗位技能竞赛

二、守正创新,技能竞赛搭建"追梦"舞台

"搭平台·展技能",岗位技能竞赛是医疗技术人才展示自我、切磋技艺的平台,是培养人才、发现人才的重要路径。近年来,岗位技能竞赛在医疗人才工作的引领作用愈发凸显。比如检验科于今年开展的生物安全知

识大赛，主要以日常工作中常碰到的问题为切入点，培养专业扎实的检验技能人才为导向，以促进科室专业教育建设为牵引，为广大检验人才搭建了一个展示风采、追梦圆梦的舞台，成为三院区检验人才大展示、大交流、大研习的盛会。竞赛既能展现技能青年精益求精的专业水平、昂扬向上的精神面貌，也能促进广大技能人才重视专业、学习技能、提升能力。

三、营造有利于技能人才脱颖而出的环境

环境好，则人才聚。根据《全国卫生健康系统职业技能竞赛妇幼健康竞赛项目实施方案》，工会设专项经费 1 万元，配合医疗部门做好培训等赛前准备工作。

为在全院范围营造良好的职业教育发展环境，激励广大职工走技能成才路线，近年来，工会侧重"一广一精"，广泛动员更多科室结合自身特色、特长，丰富竞赛内容和形式，制定有创意、有亮点、有风采的岗位技能竞赛方案，举办岗位技能竞赛，以学促进，以赛促练，提升职工业务水平，形成学习、创新、和谐、友好、向上的文化氛围。

> **点评 COMMENT**
>
> 技能改变个人命运，技能破解发展难题。复旦大学附属妇产科医院走在新征程上，始终重视技能、崇尚技能，院工会从政策、经济、情感等多方面入手，推动更多职工走上技能成才之路，助力医院高质量发展。

上海生物制品研究所有限责任公司工会

激发职工聪明才智　推进企业创新发展

自2013年以来，上海生物制品研究所有限责任公司工会坚持每年组织开展劳动竞赛，以竞赛活动为载体，动员组织职工为公司发展献计献策。这项活动在每年的五月启动，因此而冠名"五月新风　我为公司献一技"。竞赛活动得到了广大职工的认可与重视，十年来，竞赛的参与面越来越广，参与职工越来越多，申报的竞赛项目，涉及产品工艺、项目管理、节能减排等各个领域，跨度越来越大。十年来累计141个申报项目，为公司创新创效作出了显著贡献。

一、竞赛项目的组织

"五月新风　我为公司献一技"竞赛活动由工会主办。每年五月，工会结合公司中心工作发出通知，征集参赛项目。各部门工会与科室党政密切配合，组织内部讨论，推选出本部门的最佳项目参赛。申报的项目经工会组织评审，评选出6个擂台决赛项目（图1）。擂台决赛项目经抽签进行现场陈述推介（图2），并接受由公司领导组成的专家团以及由部门工会代表组成的观察团的提问考评（图3），最后通过无记名投票方式排定最终成绩单，对获得优胜的项目予以奖励。

二、竞赛项目的成效

竞赛活动坚持十载耕耘不辍，已成为公司创新驱动发展的重要举措之

图1 擂台决赛会标

图2 决赛选手进行项目现场推介

图3 决赛项目接受现场提问答辩

一。十年来，公司各科室每年推出一个申报项目，这对于科室管理来说是一种考验，也是科室管理自我加压提升的有效动力。伴随着公司的跨越式发展，竞赛活动的申报项目不断推陈出新。项目申报的涉及面越来越广泛，创新的内容越来越深入。如"保证金出成效"项目，得到了管理部门的重视并实施，节约资金110余万元；"工程报修紧急情况协作系统"项目是科室管理员利用自己在计算机方面的优势，开发的工程报修紧急情况协作系统的小程序，该系统表单可在手机上简单操作，目前已投入了实际运用；"国产化细胞工厂显微观察系统的设计及优化"项目已全面运用于疫苗细胞工厂原液生产，有力推动了"麻腮风系列疫苗生产技术工艺改进"项目顺利开展，促使这项疫苗生产技术获得了2022年上海市重点产品质量攻关成果三等奖。十年来，竞赛活动已成为公司工会的特色品牌项目，充分调动了职工的积极性创造性，为广大的一线职工提供了一个平等展示自我、展现智慧的舞台，为公司发展积聚金点子，发现储备人才，注入源源活力，激发了广大职工的聪明才智，为公司创新创效，成果显著。广大职工践行"节能减排、降本增效"企业绿色发展的经营理念，不仅为公司节省了一定的经济支出，更是对国家有限资源的一种有效保护和合理利用。

> **点评** 上海生物制品有限责任公司工会坚持开展"五月新风 我为公司献一技"活动，以劳动竞赛的形式，激发职工的聪明才智，动员组织职工，为公司的发展献计献策。十年的不断坚持，十年的锲而不舍，取得了显著的成效。体现了工会组织职工参与企业管理的优势，实践和唱响了"工人伟大、劳动光荣"的时代主旋律。

上海市浦东新区医务工会

开展"天使护航"竞赛　提升医疗服务水平

自 2016 年起，浦东新区医务工会在浦东新区卫生健康系统组织开展以"天使护航"为主题的系列劳动技能竞赛，竞赛体现"人民城市人民建，人民城市为人民"的重要理念，结合医疗卫生健康领域特点，以开展预防保健科普活动和医疗救治技能竞赛为内容，提升了医疗服务的社会效益，促进了基层医疗服务水平的提高。这一竞赛项目被浦东新区总工会立项为职工劳动和技能竞赛品牌，连续多年开展，不断深入，参与职工不断扩大，品牌效益日渐提高，品牌亮色日渐鲜明。

一、全力提升全科医师团队专业理论和技能水平

2019—2021 年，"天使护航"劳动技能竞赛以社区全科医生为主体，以调动基层医疗卫生专业技术人员工作积极性、提高专业理论水平和医疗服务能力为目的，取得了较大的社会效益，同时展现了基层医疗卫生专业技术人员扎根基层、服务群众的良好精神风貌。

2019 年"天使护航"全科医师技能大赛，内容涉及全科理论知识，包括全科医学基本理论、公共卫生相关知识等；全科操作技能，包括基本技能与基本操作、急救技能、常用实验室和辅助检查结果判读、综合病（案）例分析等。突出全科临床思维，体现人文关怀，要求操作技术规范、娴熟。全区 1 600 名全科医师参加。

2020 年"天使护航"全科医师技能竞赛（图 1），在 2019 年的基础上

有所创新,覆盖面更广。初赛以理论知识和操作技能相结合,对考试题型不断升级,涉及内容更加全面;复赛从问诊、体格检查、辅助检查、初步诊断、鉴别诊断和诊疗计划等六方面进行考核,强化了临床思维能力和综合分析能力;总决赛以"慢病防治""防疫宣传""妇儿保健""急救外伤"和"健康养生"五大专题录制了57个科普小视频,充分展现了浦东新区全科医生们扎实的理论基础和专业技能,全区1 754名全科医师参加。

图1 2020年天使护航总决赛,录制科普视频

2021年"天使护航"劳动技能竞赛以开展健康科普"Talk Show"为内容,全区1 011名社区全科医师参加,通过初赛、复赛层层选拔,30名选手入围总决赛。决赛前给予专业的培训和指导,竞赛内容涵盖五大主题,决赛现场精彩纷呈,参赛者以诙谐逗趣的言语和风趣幽默的肢体动作,将健康知识呈现于大众面前,让居民观看视频之后能学习了解健康养生方式,接受健康生活理念,以老百姓喜闻乐见的形式,普及健康知识。

通过开展全科医师技能竞赛,使全科医师熟练掌握常见病、多发病和诊断明确慢性病的基本理论、基本知识和基本技能,拓展了基层医疗机构服务社区百姓的途径,提升了医务人员开展科普的能力和水平。

二、全力打造以女性全生命周期健康管理为内容的技能竞赛

为推进地区妇幼健康事业高质量发展，2022—2023年，浦东新区医务工会组织了"医"路心向党·天使护健康——妇幼健康技能竞赛。

2022年组织了孕产期母婴健康保健技能竞赛，以"孕产期保健"和"新生儿保健"为两大主题，进行理论知识和模拟实训操作竞赛（图2），使浦东新区妇幼保健工作条线医护人员熟练掌握孕、产前后的理论知识和操作技能，为妇女儿童提供安全、有效、便捷、温馨的高质量健康服务。同时拍摄了10部孕产期保健科普视频在浦东卫生健康公众号推送。全区47家社区卫生服务中心近500名妇幼保健工作条线医护人员参加。

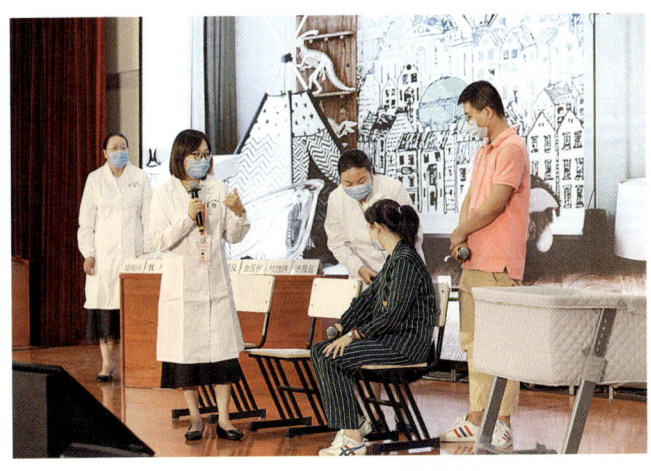

图2　2022年模拟实训操作考核

2023年，为落实20～69岁妇女妇科病、乳腺病筛查工作的规范开展，"天使护航"延续了妇幼健康技能竞赛主题，组织女性两病筛查健康科普技能竞赛（图3），以提高两病早发现、早诊断、早治疗的水平，降低女性恶性肿瘤发病率和死亡率。47家社区卫生服务中心467名妇幼保健工作条线医护人员参加。比赛以知识竞赛+健康科普宣讲（结合H5页面）的形式

开展，以提升医务人员两病筛查专业技术水平和提高他们的科普宣传能力为出发点，拍摄了6部妇幼健康科普视频在浦东卫生健康公众号推送；配合区总录制了4部"浦东新区职工微课堂—健康篇"女性两病筛查科普视频，在浦东工会通公众号推送，为浦东地区广大女性提供了健康服务。

图3　2023年总决赛团队知识竞赛

点评

浦东新区医务工会通过连续多年开展"天使护航"系列劳动技能竞赛，以赛促学、以赛促练，促进了基层医务人员专业知识和专业能力的提高，涌现出了一批批优秀的医务团队与个人，提高了医疗机构开展民生服务的质量和社会影响力。"天使护航"推动政府关爱百姓的实事项目落实落细，为地区卫生健康事业发展贡献了力量。

上海市金山区医务工会

汇聚医务职工力量
打造劳动和技能竞赛亮丽名片

近年来,金山区医务工会将劳动和技能竞赛作为服务大局、服务中心工作的重要抓手和平台,以创新发展、质量提升为重点,以职工全员参与为导向,广泛开展具有时代特征、区域特色和行业特点的劳动和技能竞赛活动。以赛促训,引领广大职工投身转型塑形发展,以赛促建,推进医务系统职工队伍建设。在广大职工中树立爱岗敬业、与时俱进、开拓创新、争创一流的理念,为推进金山卫生健康事业高质量发展汇聚了强大力量。

一、加强顶层设计,为医务职工搭建广阔舞台

建立健全党组织领导、行政支持、工会运作、职工参与、各方协同、全面推进的工作格局,每年均印发《劳动竞赛项目征集通知》,并召开专题协调会(图1),汇集各科室部门劳动竞赛项目和专项竞赛活动,制定一系列政策文件、竞赛方案,从总体目标、内容项目、参赛对象、实施步骤、表彰奖励、竞赛要求等方面细致部署,形成"凝心聚力促健康、医疗服务创一流""夯基提质'建新功' 同心共筑'健康梦'""创新'医'起来"职工岗位技能创新大赛、"蓝盾杯"职业健康防护技能竞赛等多种方案,有序推进劳动技能竞赛落细落实。

图 1 金山区卫健系统劳动技能竞赛专题协调会

二、聚焦中心，打造卫健行业特色竞赛活动

围绕卫生健康事业高质量发展目标，用好劳动和技能竞赛这一工会"传家宝"，广泛深入持久开展"凝心聚力""夯基提质""蓝盾杯""创新'医'起来"等涵盖医学技术、基层卫生、公共卫生、中医药适宜技术、生物安全、健康科普、创新创效等多领域、多形式、多层次的医疗卫生技能竞赛，形成全区医务职工参与的热潮，近五年累计开展金山区一类劳动竞赛 8 项、二类劳动竞赛 70 项、三类竞赛 236 项，各类竞赛累计参与职工 9 万余人次，获上海市医务工会"凝心聚力进博会、医疗服务创一流"立功竞赛优秀团队 9 个、岗位标兵 10 人，推动竞赛在提升职工技术技能，促进卫健事业发展中发挥作用。

三、扩大竞赛"朋友圈"，携手长三角共同开展竞赛

以"毗邻党建"为引领，金山区医务工会牵头组织金山区总工会、卫健委，徐汇区总工会、卫健委，长宁区总工会、卫健委，嘉兴市总工会、

卫健委（简称"三区一市"）联合印发《关于开展"医路守护 卫你健康"长三角卫生健康一体化发展立功竞赛的通知（2021—2025年度）》，竞赛设置提升医疗保障能力、做好公共卫生保障、改进医疗服务水平、加强行业安全管理等四大项目。金山区医务工会组织开展了急性传染病防治技能竞赛、"同心杯"生物安全技能竞赛（图2），参与开展了新生儿窒息复苏技能竞赛、应急技能比武定向赛，推动长三角毗邻地区卫生健康系统机制共建、资源共享、竞赛共推、素质共提、精神共育、文化共融，努力打造长三角区域卫生健康高地。

图2　长三角地区"同心杯"生物安全技能竞赛

四、加大宣传引导，充分调动医务职工参与热情

金山区医务工会借助金山鑫健康微信公众号、金山报卫生专刊等各类线上阵地，加强对赛前宣传发动、赛中跟踪指导和赛后总结推广，营造以赛促学、以赛促练、以赛促训、以赛促建、全员参与的浓厚氛围，扩大竞赛的参与面，使开展劳动技能竞赛活动的过程变成广大职工自我参与、自我教育、自我提高的过程，进一步提升了金山区卫生健康系统职工职业素

养，提高了职工医疗卫生工作技能，为金山卫生健康事业高质量发展奠定坚实的基础。

> **点评** 金山区医务工会把劳动和技能竞赛与职工培训、技能提升、选树先进等工作紧密结合，广泛开展具有时代特征、区域特色和行业特点的竞赛活动，有效提高了职工医疗技术水平和服务能力，充分发挥了工会围绕中心、服务大局的积极作用。

02 EXPERIENCE 实践

推动医务职工文化建设

上海市第一妇婴保健院工会

以系列专题活动传承一妇婴"爱"的文化

为提升职工综合素养，创造工作场所和谐愉悦的氛围，帮助职工保持良好的工作状态，上海市第一妇婴保健院工会持续开展以"爱"为主题的文化活动，通过多种形式的员工关爱项目，帮助职工解决工作、生活以及健康等方面遇到的困难，努力传承和打造一妇婴"爱"的文化。

一、持续开展医院职工文化艺术节

一妇婴工会多年坚持开展职工文化艺术节。2019年举办的第七届职工文化艺术节，以"兴文化 健身心 展风采"为主题，有以下具体内容。

组织摄影随手拍活动 一妇婴工会将艺术摄影与医院建设结合起来，以"大家来找碴"为活动主题，鼓励职工把工作中遇到的不符合流程操作、浪费现象以及医患之间的不和谐情况通过摄影作品反映出来，为构建绿色医院、促进医院可持续发展建言献策。职工通过摄影作品反映的问题，经院工会汇总反馈相关部门得到了落实解决。

举办职工卡拉OK比赛 动员职工大家参与，唱出一妇婴"好声音"。经过初赛、复赛和红歌展示，评选出10名"十佳歌手"，10名"十佳歌手"提名，为职工提供才艺展示的平台，也为爱好唱歌的职工创建一个互动交流的机会。以职工喜闻乐见的活动形式，营造共同参与的文化氛围，体现医院职工积极向上的精神风貌。

开展"乐健康"健康走活动 工会要求职工根据路线图以及在景点预先拍摄的照片行走，集齐所有照片赢取完赛奖品，以提升行走的趣味性。活动吸引了来自各病区、门诊、医技、行政后勤等部门的职工，参与活动的职工达到100余人。健康走活动提升了职工参与体育锻炼的积极性、主动性，促进了职工的身心健康。

二、组织学习交流活动，为职工舒缓减压

"午间一叙" 利用中午时间开设"茶叙"，听取职工意见。邀请一线职工，分享各自的思想和体会，就医院建设、工作氛围、培训管理等方面提出意见建议。通过这样一个沟通交流的平台，了解职工思想，做好服务工作。一妇婴因此荣获2020年全国厂务公开民主管理工作先进单位。

中午学堂 利用中午时间开设中午学堂，组织职工参加"上海职工健康科普教育公益系列活动"等各类线上讲座十余场，举办"做智慧型父母""在变化和不确定中安顿身心"等讲座，帮助职工在医疗发展建设中提升自身软实力。邀请心理医学科老师做心理疏导科普讲课，帮助职工认识负面情绪的诱发，学习自我心理保护，不断提高自身心理能量。

巴林特活动 邀请专业心理科医师来院开展"说你·说我"巴林特活动，通过心理治疗中的移情和反情等方法，结合提问、讨论、建议等方式，以及分享其他人共同处理案例过程中的心理转变，提高医师识别自身和患者情绪的反应能力，转变临床医生在医患互动中的负面情绪，以达到更好地理解和帮助患者的目的。

"阳光坊" 以女职工为对象，帮助解决女职工面临的身体和心理健康等方面的实际问题，就她们遇到的心事、难事、烦事，进行疏导解决。了解女职工的需求，帮助她们解开心结、树立自信和勇气，力所能及地解决她们面临的困难和问题。

三、打造特色文化社团

一妇婴拥有卫健委系统授予的四星"抒画"社团、三星"婴悦"社团，近年来又成立唱享社、吃货社、羽毛球社、篮球社等社团，邀请专业老师指导员工，进一步提高医务人员的音乐素养、艺术涵养和运动体能。在"抒画"社团成立五周年之际（图1），院工会征集到百余幅职工的绘画作品，有水彩风景花鸟，也有吉祥物彩绘，并以台历制作和展览的形式进行作品展示。

图1 "抒画"社团活动

四、开展职工健康促进活动

设置医院"健身角" 添置健身器材设备，张贴明显标识，为职工在工作间歇或午间休息期间健身锻炼提供条件，促进形成追求健康、崇尚锻炼的观念和习惯。举办"爱活力"精品课程学习。分别设男女生专场健身课程，内容包括体能测试、精准拉伸、运动损伤预防、减脂的秘密、跑步入门、有氧搏击等,由爱活力团队老师进行专业指导。

"健康食堂 便利生活"服务 组织职工参加上海市医务职工健康厨艺大赛,更好地服务广大职工。一妇婴荣获上海市医务职工第九届文化艺术节健康厨艺大赛全能厨神三等奖和最佳健康菜品奖,上海市卫生健康系统十佳职工健康食堂。

倡导健康文明的饮食和生活方式,从方便职工出发,联合后勤保障部,增设购买半成品食材、蔬菜套餐等服务项目,为晚间工作的医务人员提供夜宵服务,制定适合医务人员的工作便利套餐,提前预订、即时领取,为工作繁忙的医务人员提供方便生活服务。

五、为突发困难的职工提供帮助

为女儿患大病的本院职工组织"爱心捐"(图2)。一妇婴工会发起,广大职工爱心接力,纷纷解囊相助,帮助该职工的女儿募集治病资金51 986元。

图2 "爱心捐"现场

点评

上海市第一妇婴保健院工会秉持"爱"的内涵,从职工需求出发,组织开展系列专题活动,丰富职工精神文化生活,促进职工身心健康,释放工作压力。系列活动融入医院建设、关爱员工、和谐医患、民主管理等核心元素,激发了基层工会组织活力,增强了职工的归属感和凝聚力,营造了积极向上、和谐温馨的工作氛围。

上海中冶医院工会

建设工会文化阵地　丰富职工文化生活

上海中冶医院工会多年来坚持面向基层、面向临床、面向职工群众的工会文体工作理念，以满足广大职工精神文化需求为出发点和落脚点，积极打造工会文化阵地，组织职工开展多样性的文化活动，丰富职工精神文化生活，为提高职工综合素质，促进医院精神文明建设发挥积极作用。

一、创新思路，打造品牌特色活动

举办"迎新春文艺汇演" 中冶医院工会每年年初组织筹办一场院内的"迎新春文艺汇演"（图1），被职工誉为"我们的春晚"。节目选送以部门分工会为单位，由医院工会对节目根据内容和形式进行遴选，全院上下广泛参与，积极筹备，从筹备、排练到演出，前后延续数月。节目形式有歌曲演唱、舞蹈、相声、小品、舞台剧、朗诵、乐队演奏等，由职工自编自演自娱自乐，医院领导班子也集体参与演出（图2），同广大职工一起欢庆新年。一年一度的"春晚"发动面广，参与者众，演出节目不断打磨、精益求精，在职工中赢得极大关注和肯定，在病人和家属中也赢得口碑，成为医院文化建设的一项品牌特色活动。

开展医务人员心理资本建设系列活动 为认真落实《上海市医务职工健康促进工作实施方案》，2020年，在抗击疫情攻坚战取得阶段性胜利后，为尽快改善受疫情影响的医务人员心理状况，提高医疗服务水平及团队稳定性，中冶医院工会在院领导的大力支持下，整合中国社工联合会、上海

图 1　2020 年春晚合影

图 2　医院领导班子节目

市医务工会与本院心理咨询、社工等资源，牵头组织"医务人员心理资本建设"系列活动（图 3）。活动面向全体职工，创新开展，不断丰富活动内容和形式，以促进职工身心健康。

图 3　医务人员心理资本建设系列活动

职工心理资本建设系列活动，自 2020 年 6 月开始至 12 月，共分四个大项，简称"4321"。内容包括：4 场体验式团体心理辅导、3 场健康精品减压课、2 场亲子教育专题讲座、1 场疫情防控一线员工疗休养活动。活动持续半年之久，先后共有 800 余人次参与，从心理团辅、运动减压、艺术活动减压、疗休养等多方着手，为职工提供全方位的关心、关爱服务，促进职工身心健康。这是上海中冶医院对党的十九大"关于加强心理服务体系建设"精神的具体落实，也是医院"珍爱生命　以人为本"核心价值理念的充分体现。

二、推进服务阵地建设，提升职工获得感

建设"职工之家"和"妈咪小屋"　中冶医院工会在医院党政的领导支持下，精心打造"职工之家"和"妈咪小屋"，将此作为"我为职工办实事"进一步做好医院民生工程的重要举措。2023 年 2 月 3 日，"职工之家"正式启用（图 4）。"职工之家"总面积约 150 平方米，设有休息区、健身

跳操区、阅读绘画区、休闲谈心区、党建园地区、更衣室等，配备了必要的躺椅、按摩椅、饮水机、咖啡机、电视、书籍及健身器材。同步建成启用的"妈咪小屋"（图5），严格按要求配备了专门设施和专用空间，向哺乳期、怀孕期等有特殊需求的女职工开放服务。建成开放的"职工之家"和"妈咪小屋"成为广大职工学习交流的成长之家，休闲健身的快乐之家，温馨和谐的幸福之家。

图4 职工之家

图5 妈咪小屋

不断拓宽"职工之家"的服务功能 一是休息功能。根据上海市医务工会关于开展"健康办公室、值班室、休息室"创建工作相关要求，中冶医院工会积极开展职工健康休息室创建工作，在"职工之家"辟出专门的空间，配备躺椅等相关设施和物品。按照创建流程和标准进行进一步优化内部环境，完善设施和管理制度，同时提升服务软实力。2023年11月份，医院职工之家休息室获市医务工会命名"2023年上海医务职工休息室"。二是运动健身功能。中冶医院工会在"职工之家"内部开设专门的"健身角"，与"职工之家"同步建成开放。健身角面积约100平方米。分心肺、柔韧、平衡等指标项目区，添置了跑步机、划船机、动感单车、瑜伽垫、瑜伽球、乒乓球桌、舞蹈镜、更衣室等运动设备设施，不断完善内部配置、优化管理流程。工会广泛宣传健身角建设对保持职工身心健康，养成良好健康生活方式的促进作用，倡导运动生活化，让职工随时都可以进行健康体能训练，提升职工参与率及满意度，努力打造温馨、舒适，适宜医务职工日常运动并实现健康促进的场所。

提升精准服务水平——打造职工自己的"专属定制" 在不断完善"职工之家"硬件建设的基础上，医院工会深入开展走访调研了解职工需求，以职工需求为导向，提升服务软实力。开办减脂训练营、身韵训练、有氧韵律操、八段锦、瑜伽等兴趣课程，由院内具有相关特长人员担任老师，带领大家定期开展相关活动（图6）。职工有所需，工会有所为，把职工所需所求真正执行落地，不断提升医务职工生活品质和职业幸福感。

图6 职工之家兴趣课程

点评

中冶医院工会坚持把提高职工的生活质量和健康需求作为工作的出发点和落脚点，通过多元化的文化活动载体，组织开展职工文体活动，丰富职工精神文化生活，积极打造职工休息、健身场所，创建文化活动品牌项目，展现了医院的良好文化氛围和职工的精神风貌，为增强职工的凝聚力，推动医院蓬勃发展发挥了积极作用。

上海市宝山区罗店镇社区卫生服务中心工会

多彩文化活动解锁职工"快乐密码"

近年来,上海市宝山区罗店镇社区卫生服务中心工会围绕党政所想、职工所需、工会所能,从加强职工文化阵地建设入手,通过富有吸引力和感召力的文化活动,向职工传播社会主义核心价值体系,推动和谐劳动关系建设,稳定了职工队伍,赢得了广大职工群众的欢迎和认同。

一、精心打造职工文化阵地

罗店镇社区卫生服务中心工会改善建设职工休息室,将此作为职工文化建设的一项基础工作和关爱职工的实事项目来推进。职工休息室位于罗店镇社区卫生服务中心罗南本部五楼(图1),利用原有工会"职工之家"

图1 罗店镇社区卫生服务中心职工休息室

升级改造而成。工会科学合理利用现有空间，更新设施、改进布局，突出服务职工功能，划分为舒心休息区、健身运动区、阅读学习区和休闲娱乐区四个功能区，为职工提供了一个健身、娱乐、阅读、交流的平台，让职工在工作之余放松心情，舒缓压力，陶冶情操。

为了更好适应职工需求，罗店镇社区卫生服务中心工会以此为依托，开办职工周末学校和读书品牌"职工品读课堂"，开展文体活动、培训讲座、技能竞赛、文艺汇演等各类工会特色活动，做到节日有活动，月月有培训。

二、多元文化活动呈现品牌特色

近年来，罗店镇社区卫生服务中心工会从创新服务内容和方式入手，延伸服务触角，以丰富多样的文化活动解锁职工"快乐密码"，聚焦职工多元文化需求，不断擦亮"文化"特色品牌，最大限度地让职工群众广泛参与进来。通过以社会主义核心价值观建设和中华传统节日为主线，围绕重要时间节点，开展丰富多彩的文体活动。

为提升医务工作者的健康科普水平及讲演能力，营造浓厚的健康科普氛围，2023年5月24日下午，罗店镇社区卫生服务中心工会举办以"党建引领强根基　健康科普佑健康"为主题的职工健康科普讲演决赛，共100余名职工现场聆听（图2）。端午节前夕，中心工会组织八个班组二十余名职工开展了"情满端午迎佳节　巧手包粽扬传统"包粽子活动（图3）。此外，"齐心协力'趣'运动　凝心聚力促发展"职工趣味运动会，"学习二十大精神　携手奋进新征程"徒步活动，"看上海，寻美景"职工摄影比赛，"饼香四溢　美味同分享"中式面点制作活动，DIY网红雪花酥制作活动，艺术插花活动，"家庭中的你我他"专题心理讲座……这些主题鲜明、内容丰富、极具特色的文体活动，深受广大职工喜爱，生动地记录了全体职工爱岗敬业、积极向上、奋发有为的精神风貌，传递正能量，为中心发展提供了强大的精神动力支持。

图2 "党建引领强根基 健康科普佑健康"职工健康科普演讲决赛

图3 "情满端午迎佳节 巧手包粽扬传统"包粽子活动

三、文化活动取得丰硕成果

五年来，罗店镇社区卫生服务中心工会围绕中心发展工作大局，适应职工需求，组织开展各类职工文体活动80余次，服务职工9 600余人次，开展各类职工培训学习近1.5万人次。中心职工多次参加市、区相关比赛和活动获得殊荣。

中心3名职工在"互融共创守健康，强兵比学提技能"宝山区基层呼吸系统疾病能力提升技能比武竞赛中，荣获团队一等奖。

中心职工徐春雷、陈利平分别荣获2022和2023年度宝山区职工安全生产与职业健康知识技能竞赛职业健康达人称号。

中心职工徐春雷自2021年至2023年代表宝山区医务工会在上海市卫生健康系统职工运动会羽毛球混合团体赛（甲组）比赛中分别荣获第一名、第三名、第二名的好成绩。

在2022年宝山区医务工会"齐心抗疫 守护生命""一起向未来虎年摄影"主题摄影比赛中，中心职工沈禹、张艳分别获得一等奖。

中心工会组织拍摄了宣传家庭医生工作的微电影《家医情怀》，并入选"学习强国"上海学习平台。

中心职工之家在2021年宝山区卫生健康系统"星级职工之家"评选中被评定为三星级。

> **点评 COMMENT**
>
> 近年来，宝山区罗店镇社区卫生服务中心工会聚焦职工的精神文化需求，创新职工文化活动载体，组织开展丰富多彩的职工文体活动，丰富职工精神文化生活，营造努力工作、快乐生活的和谐氛围，为稳定职工队伍、促进基层医疗卫生机构的健康发展发挥了积极作用。

上海交通大学医学院附属第九人民医院工会

相会书籍海洋　品味阅读快乐
——九院工会持续打造职工读书节

自2015年以来，每年7月，以"书香九院　好书同行"为主题的职工读书节在上海交通大学医学院附属第九人民医院（简称"九院"）拉开帷幕。"读书节"由院工会、妇委会、文明办、团委共同主办。丰富的书籍文化盛宴，为全院职工提供了阅读和交流的平台，各种形式的品书、读书活动，引导职工多读书，读好书，丰富职工的业余文化生活，打造亮丽的医院文化特色品牌。

一、好书盛宴，为阅读导入丰富的源头活水

九院职工"读书节"首先以书展的形式在南北院区"读书选书"会场举行（图1）。将好书请进医院，方便职工在繁忙的工作之余能不出门就能读书选书，是活动主办者的初衷。职工络绎不绝地来到书展现场读书、选书、品书、论书，交流心得与体会，互相推荐值得一读的好书，形成"爱读书、读好书"的浓厚氛围（图2）。

九院读书节书展活动已历时九年，受到广大职工的欢迎和好评。历次到书展现场来看书选书的不仅有普通职工，还有医院领导，他们和广大职工共同走进书的海洋，看书选书购书品书，促使职工的读书热情更加高涨，构成医院文化一道独特风景线。

图1 九院党政领导在书展现场

图2 邱蔚六院士在书展现场

二、丰富多彩的活动让更多职工参与到阅读中来

"书香九院 好书同行"读书节举办多年，逐渐成为九院职工精神文化生活的重要内容。每届读书节为期三个月，在此期间通过举办各类活动，丰富读书节的形式和内容，不断吸引职工参与到读书活动中来，营造全院职工爱读书的浓郁文化氛围。

"乐·读"分享会 "乐·读"分享是读书活动的基本交流形式（图3），吸引了广大职工的关注。参与分享的职工精心准备，分享他们品读的感悟。医院党政领导高度重视，不仅出席活动，也参与分享。如党委常务副书记罗蒙曾以"跨出医疗维度看世界——一个'墨子'号引发的故事"为题，诠释了塌陷、纠缠、叠加等奇特的量子现象，以幽默风趣的比喻，深入浅出的讲解，将深奥难懂的概念介绍给大家；党委副书记蒋秀凤向大

图3 "乐·读"分享会

家推荐《最好的告白》和《漫长的中场休息》两本书，分享了阅读的体会，认为高品质的生活需要阅读的陪伴，勉励大家认真工作，快乐生活，让阅读带给大家更多的生活情趣。在喜迎中华人民共和国成立70周年之际，举办了"可爱的中国——重温红色经典阅读分享会"（图4），得到职工的欢迎和积极参与。各部门工会精心准备，参与的职工们分享了红色经典中的金句、观点及读书感悟，重温革命先辈奋勇抗争的精神和坚持不懈的信念，激励大家在新时代补足思想之钙、筑牢信仰之基、夯实基础工作、携手努力拼搏，为建设"一流医院"而不懈奋斗。

图4　红色经典分享会

经典美文诵读　通过对古今中外名篇名作的诵读，进一步激发职工的读书兴趣和文学创作的动力。弘扬中华民族优秀传统文化，以朗诵的艺术形式，扩大中国古典诗词文化的影响力感染力，增强职工的爱国主义精神，丰富职工的课外文化生活，提高人文素养和艺术鉴赏力。在2017年的读书节上，还举办以"学习十九大精神"为主题的红色经典诵读会，激发全院职工爱国爱党的热情，展现出九院职工热爱读书、积极向上的文化氛围。

征文活动 开展"九院梦 我的梦"征文活动，参与征文的职工，立足自身岗位，讲述了自己对于个人职业理想和对医院建设发展愿景的认识，表达了通过个人的努力工作，推进医院建设，创建一流医院的愿望。职工以征文形式，抒发了热爱本职、立足岗位和作为九院职工的职业自豪感，展现了积极向上的精神面貌。

专题讲座 读书节期间还举办各类讲座，采用"请进来"的方式，为职工开阔视野，启迪思考。如邀请中共上海市委党校王公龙教授作学习习近平总书记在庆祝建党 100 周年大会上的重要讲话精神的专题辅导报告，帮助职工认识总书记"七一"重要讲话的重大意义、丰富内涵、核心要义和实践要求；在新冠疫情得到初步遏制之际，邀请复旦大学张维为教授作"中国战'疫'中国力量"的专题演讲（图 5），阐述了社会主义制度的优越性，鼓舞和激发了医护人员的责任感和使命感。读书节还举办了"标准上海闲话"分享讲座（图 6），邀请上海滑稽剧团副团长钱程为大家分享讲解上海方言，让职工了解海派文化的特点和魅力。

书签设计 读书节还举办"书香情缘"书签设计大赛。激发职工智慧和创造力，把对读书的体会认识和对医院发展的展望融入方寸之间，在制作的过程中感受设计的乐趣。职工原创的书签体现了他们对书籍的热爱。书签作品经评选，将评出的优秀设计以展板等形式展示并印制成文创产品发给各部门工会，激发了职工的创作热情，丰富了读书节的活动内容和形式，营造了和谐的"悦"读氛围。

图5 "中国战'疫' 中国力量"专题演讲

图6 海派文化"标准上海闲话"分享会

点评 COMMENT

九院工会持续开展"书香九院 好书同行"读书节活动，推动全院职工爱读书、多读书、读好书，丰富职工精神文化生活，引领广大职工通过阅读与大师对话，与经典为友，以读书滋润心灵，让书香伴随成长，在读书中不断提升自己的思想道德涵养和文化审美素养，打造了医院文化的特色品牌。

同济大学附属同济医院工会

培育"同济悦读"品牌　丰富医院文化内涵

同济大学附属同济医院工会坚持开展职工读书活动，加强职工书屋建设，构建职工书屋网络，拓展职工书屋形式，拓展部门工会读书角、漂流书、文体基地建设和功能完善，以"红色传承""读书驿站""悦读经典""同书济慧"等活动载体，引导组织全院职工参与到读书活动中来，实现读书活动的专题化、多元化、常态化。形式多样内容丰富的读书活动，丰富了职工精神文化生活，营造了医院浓郁的读书学习氛围。

一、建设同济职工书屋，营造温馨读书环境

同济医院工会推进职工书屋建设（图1），打造职工阅读场所，营造温馨的读书和学习氛围。职工阅览室和图书馆结合职工需求每年定期更新和补充书刊，以丰富的藏书、良好的阅读环境、现代化的资料查阅手段为职工提供了极大的便利。

读书服务向临床一线延伸，搭建多级架构，努力打造职工身边的读书驿站。2023年作为医院实施员工关爱实事项目之一，以部门工会为单位调研职工需求，征集职工心愿书单，在原有基础上因地制宜建设完善温馨的职工读书角（图2）。倡导医院各部门以一盆绿植、一张桌椅，在紧张的工作之余营造一个温馨、放松的阅读环境；鼓励开展特色读书活动，让温馨的读书驿站成为职工积极参与学习的活动基地，受到职工的认可和欢迎，被评为"全国工会优秀职工书屋"。

图 1　同济职工书屋

图 2　部门工会读书角

二、倡导红色经典诵读，丰富形式拓展载体

同济医院工会坚持推进职工素质工程，积极开展学习宣传和教育实践活动，弘扬社会主义核心价值观，倡导全员学习、团队学习和终身学习的学习理念。

以主题活动为抓手，以红色传承为主线，先后组织了"学习两会精神"悦读活动、"学习红色经典"（图3）徐家汇书院阅读采风、"同心向党　医心永恒"读书学习活动、"学习党的二十大精神"组织工人半日学校参观活动等，组织参加上海医务职工学习党的二十大精神知识竞赛，获优秀组织奖。组织学习党史、上海历史、近代工业文明发展史等，采取共同阅读、主题参观、知识竞赛、线上学习等形式，吸引职工参与其中，激发职工阅读热情。2023年开展"同书济慧"读书分享会系列活动（图4），开展《红色的起点》等经典读物鉴赏活动，以"同看、同读、同听、同享"的形式，分享阅读乐趣和思考，激发职工参与阅读学习的积极性。

图3　红色主题学习

图4　"同书济慧"读书分享会

三、推进职工文学原创，培育"同济悦读"品牌

同济医院工会连续多年组织职工参加上海读书节活动，开展"职工书展"服务和阅读活动，全院职工阅读蔚然成风，形成"同济悦读"品牌（图5）。不断拓展品牌内涵，扩大读书活动的影响力。以经典文学作品诵读展示活动，线上《朗读者》课堂、主题征文、好书推荐活动等形式，组织职工爱好者进行赏读分享。依托上海医务职工语言艺术文体基地，组织同济医院文化网络大赛，鼓励职工积极参与，征集职工各类作品近百项，遴选推荐优秀作品。开设演讲视频作品线上专栏，展示职工文学作品。积极培育职工原创作品（图6），《住院625天》荣获上海市医务职工情景剧比赛一等奖，《生》登上上海市文明修身展示活动舞台，《我是这样爱你》受邀参加上海医师协会展演，展示医务工作者的风采。

参加上海市振兴中华系列读书活动"我的枕边书"短视频评选，获评优秀作品2项；参加市卫生健康系统"新时代　新阅读"系列读书活动获优秀组织奖及主题征文、短视频、读书活动创意大赛优胜奖17项；获评市医务工会"'医'起向未来　奋进新征程"主题文艺作品活动优秀组织奖，参赛作品分别获得一等奖、三等奖和优胜奖。

图5　"同济悦读"职工书展

图6 职工原创作品展示

点评 COMMENT

同济医院工会多年来致力于打造职工阅读学习的活动基地,组织职工开展读书活动,通过多样化载体激发职工的阅读热情,引导职工将阅读作为一种生活方式,在全院范围内营造读书学习的氛围。"同济悦读"的特色品牌,促进了职工队伍整体素质的提升,塑造了充满书香的医院文化。

上海市中医文献馆工会

杏苑书香　文化利民

书籍是人类进步的阶梯,"职工书屋"建设是文化利民工程的重要组成部分。上海市中医文献馆工会委员会积极响应上级组织的呼吁和部署,结合本单位的实际,建设"职工书屋",升级软硬件,为文献馆建设学习型组织添砖加瓦。

一、积极响应上级号召,优化提升线下"职工书屋"

我馆"职工书屋"是在本单位原图书室的基础上扩建起来的,具有鲜明的专业特点,即以中医古籍文献为基本书库,结合近现代相关中医药期刊,便于职工研习我国中医药理论和实践知识,助力提升职工专业技能水平。截至目前,"职工书屋"收藏有各类中医经典、上海地方史料、传统文史哲精品,以及近期专业出版物10 015册,各类古籍善本302种(计2 000余册)。同时,为更好地服务于本馆专业研究,以及活跃单位文化休闲氛围,"职工书屋"定期更新书库,每年搜集职工意见和购书意向,统一拨专款购买最新书籍上架供职工取阅,为职工提供学习条件。"职工书屋"每年新增专业类书籍400余册,并增购文学社科类书籍,目前文学社科类书籍藏书量已有596册。除了书籍收藏种类和数量较为丰富以外,"职工书屋"的阅览环境也有了较大的改善,现在的阅览场地(图1、图2)宽敞明亮、出入方便,环境安静整洁,还有相关便利配套设施,如空调、空气净化器、沙发、茶几、小型吧台、电脑设备等。"职工书屋"制定了详细、规范、健全的书屋管理制度、图书借阅制度及活动台账，相关制度均通过 OA 系统向全体职工公开。

图 1 "职工书屋"场地之一"杏林书苑"

图 2 "职工书屋"场地之一阅览室

二、推出数字化服务，打造线上"职工书屋"

依托线下"职工书屋"实体，文献馆工会还积极协助本单位构建数字化知识和服务，布局线上"职工书屋"。"职工书屋"推出一系列创新的数字化服务，旨在为职工提供一个全天候开放的在线书屋，并打造一个以新场海派中医文化基地为原型的元宇宙学习空间。线上"职工书屋"的内容包括文献馆已有的多种数据库，如中国知网、万方数据、读秀平台、Sinomed 数据库、超星电子图书、大成老旧期刊数据、文献馆馆员数据库等，还有数字档案馆的大量数字化知识内容。这些数字化知识内容是"职工书屋"采用先进的数字化技术，对馆藏古籍和图书馆藏书进行的数字化加工，其中包括中医药古籍 436 种，共计 7 万余页；其他中医类古籍 1 400 余册；中医类书籍 6 000 余本。同时，"职工书屋"还搭建了一套电子图书管理系统，该系统不仅为职工提供便捷的在线借阅服务，还通过协同办公、个人读书笔记、语音识别、图像识别和个人书签等个性化功能，极大地提高了职工的阅读效率。

三、开展形式多样的文化活动，倡导做学习型职工

"职工书屋"建成以来，为助力我馆建设学习型组织和争做知识性职工发挥了积极作用。我们每季度至少有一期的读书讲座讨论活动，其内容有对某个专业问题学习和讨论，有不设限的头脑风暴，有邀请专业大拿的各类讲座，也有结合时政的知识竞赛等。相关活动除了本单位职工参与以外，有时还邀请外单位人员一起参与。同时，为践行"让文献从书架走下来"的理念，鼓励职工立足古籍学习和现实需要，充分利用本馆"职工书屋"的便利条件，积极编写各类中医药相关科普书籍，为进一步提升我国居民中医药健康素养水平贡献一份力量。比如主编文献研究系列丛书，包括"中医良方大典"部分卷、"上海蔡氏妇科历代家藏医著集成"系列、"民国

医家"系列、"中医常见及重大疑难病症专辑"系列丛书。其中,《中医良方大典·肿瘤卷》荣获第34届华东地区科技出版社优秀科技图书一等奖;"中医常见及重大疑难病症专辑"共计16册,成功入选出版业"十四五"时期发展规划、2021—2035年国家古籍工作规划重点出版项目、2022年上海市促进文化创意产业发展财政扶持资金拟支持项目、2023年度国家出版基金资助项目。再比如紧抓《中医文献杂志》提质升级,在完成上海市中医药三年行动计划专项"《中医文献杂志》一流精品期刊提升工程"的基础上,创新性地构筑中医药领域继往开来的学术高地,建设中医文献智慧平台,以现代化、数字化的新模式坚持探究中医药古今文献,弘扬中医药临证精粹。

> **点评 COMMENT**
>
> 上海市中医文献馆工会积极响应上级工会组织的呼吁和部署,全面建设和提升本馆"职工书屋",作为全国工会职工书屋示范点,打造线下线上联动"职工书屋",为职工提升自身文化素养提供便利。依托线下线上两个平台,我馆职工开展中医药文化传播交流、健康咨询、科普讲座、新媒体直播等各类活动,助力中医药本职工作,在弘扬中医文化的同时也服务了基层百姓,为推进海派中医药事业和产业发展,促进中医药传承创新发挥了积极作用。这是工会工作融入本单位中医药本体工作,助力健康上海、健康中国建设的有效实践。

上海市长宁区新华街道社区卫生服务中心工会

"新华诵读班"为医院文化建设增添亮色

2022年初,上海市长宁区新华街道社区卫生服务中心(简称"中心")工会创建了由中心下属医疗服务机构青年党、团员和医务人员为主体的"新华诵读班",依托中心"新华医声"线上栏目,以音频和视频形式开展医德医风宣传学习、科普知识推广活动,以及经典作品的诵读鉴赏活动,打造了一支队伍稳定且质量较高的宣传与科普队伍,对丰富职工文化生活,促进医疗服务质量的提高和医院文化建设发挥了积极作用。

这支宣传队伍成立两年以来,采取边培训边活动的方式,邀请专业师资,进行培训(图1),做到每月有培训有活动有宣传,每年开展演讲、讲

图1 诵读班培训

故事比赛、科普大赛等活动，在增进医务人员之间、医务人员与社区居民、患者之间的情感，丰富医务人员文化生活，培养兴趣，净化心灵，提升能力方面取得了积极成效。

一、为医疗卫生服务高质量发展铸魂

通过有声书栏目开展习近平新时代中国特色社会主义思想的学习宣传，通过"新华医声"，对40多名先进个人和10多个先进集体的事迹以及廉洁故事进行宣传；通过"请党放心、强国有我"、"讲抗疫故事、传新华声音、做时代新人"、"奋进新征程，建功新时代"（图2）等演讲比赛弘扬医务人员对工作极端负责、对人民极端热忱、对技术精益求精的精神，引导医务人员坚定理想信念、提升政治觉悟、涵养道德操守、严守法规纪律，继承和发扬伟大抗疫精神和崇高职业精神，内化于心，外化于行。近两年每年都有青年提交入党申请书；表扬信件数逐年增加；凝练出中心"敬佑生命、厚德精诚、追求卓越、团结奋进"的精神，不断为高质量发展培根铸魂。

图2 "奋进新征程　建功新时代"演讲比赛

二、为构建和谐医患关系营造氛围

"新华医声"栏目中一个个典型事迹，演讲比赛、故事比赛中一个个真实故事，不仅让中心职工之间增进了了解，相互学习，并转化为为民服务的生动实践，如：收费处的一名员工，在参加诵读班活动后，精神面貌、工作态度有了极大的好转，主动挂牌"退役军人服务岗"进行窗口服务，并推出多项优质服务举措，得到了患者的肯定，从以前经常遭投诉到现在时常受表扬。"有声"宣传以患者需求为导向，为中心服务的主体对象即社区的老年居民，提供了极大的方便，帮助他们解决了阅读不便的问题，让他们通过听科普故事，更多了解健康知识、就医信息，了解本中心充满人文关怀的医疗服务、具有崇高职业精神的医德医风，增进了医患双方的理解与信任，构建了和谐医患关系营造良好社会氛围，赢得患者、社会的信任和尊重，为医院的高质量发展凝聚人心。

三、为医务人员提高能力素养打造平台

朗诵班的培训及"有声"文化活动，不仅提高了医务人员对文学作品的阅读和鉴赏能力，提高了语言运用能力和表达能力，也提高了人文素养，提升了精神境界，增强了自信心，并将此能力转化为提高工作质量、为民服务的能力。近两年，中心职工在市区医务工会的演讲比赛中均有获奖。2023年，有3名青年医务人员首次参加区卫健委科研课题擂台赛，并成功入围；1名入选区卫健委科普大赛获三等奖（图3）。中心在"有声"文化建设的过程，不仅丰富了职工的文化生活，更锻造了人才队伍，为推动高质量发展汇集了力量。

图3 在第二届长宁区"凝青杯"医务青年英才挑战赛暨优秀健康科普宣讲作品评选活动中荣获三等奖

点评 COMMENT

长宁区新华街道社区卫生服务中心以青年职工喜闻乐见的"诵读班"活动为载体,讲述本中心的真人真事,宣传医德医风和职业精神,丰富职工文化生活,不仅成功组建了一支稳定的具有经验的宣传队伍,提高了文化宣传的凝聚力、引导力、影响力,更将这种"有声"文化力量转化为医院高质量发展的推动力,为医院高质量发展起到了凝心蓄力铸魂的作用。

复旦大学附属中山医院工会

因地制宜打造职工满意的文化体育盛会

中山医院"杜鹃花节"职工文化体育运动会（图1），自1998年开办以来已连续举办25届。以"杜鹃花节"冠名是因为医院遍植杜鹃，每年四月中山医院职工文化体育节拉开帷幕时，满院芳菲，为盛会带来盎然春意。"杜鹃花节"被评为医务职工文化建设十佳优秀项目。中山医院"杜鹃花节"文化体育节不断推陈出新，受到职工欢迎，是医院职工增强体魄、展示风采、促进交流、增强凝聚力的重要平台。

图1 "杜鹃花节"文化体育节开幕式

一、注入文化元素,设置职工喜闻乐见的运动项目

为使更多医务人员参与到职工运动会中,职工体育节活动项目不断推陈出新。2023年杜鹃花节以亲子与团建为主题,植入时下流行的城市漫步(city walk)的活动方式,在开幕式上启动城市定向赛,以"寻访城市记忆"为主题,从中山医院出发,让参与的职工通过骑行或步行的方式,穿越上海的历史,途经城市网红打卡点。在苏州河沿岸,途径四行仓库、万象天地、上海银行公会旧址以及外滩源,并特意选择了当时筹建中山医院的上海银行公会旧址作为其中的一站(图2),通过相关文化知识问答的打卡方式,亲历历史,见证历史。

图2 文化答题:上海银行公会旧址(中山医院筹备会议旧址)

二、突出简易性和趣味性,适合大多数职工的参与

体育节设立了持续一周的趣味运动(图3),竞赛安排在午休时间,以简易与有趣相结合,并且持续天数尽量拉长,传递工间运动的概念,通过有限的空间用简单的运动方式,尽可能达到让医务人员广泛参与、舒展身体、放松减压的目的,以倡导文明健康的生活方式,培养良好的健身习惯。

图 3　趣味运动项目：叠叠高

三、体现时代性，引入电子竞技项目

针对青年职工占比逐年提高和他们的兴趣爱好，2023 年的体育文化节增设了电子竞技项（图 4），并在闭幕式上举行中山医院第一届电子竞技大

图 4　中山医院首届电子竞技大赛

赛。为年轻职工提供了展示的舞台，同时也将"电子竞技"的运动理念传递给广大职工。

> **点评** COMMENT
>
> "杜鹃花节"文化体育运动会是中山医院工会连续25年打造的职工文体活动品牌项目。医务人员由于其工作的特殊性，面临的工作压力越来越大，如何为广大医务职工搭建一个文体活动平台，达到增强体质和缓解工作压力的目的，是医院工会一直以来不懈努力的目标。"杜鹃花节"展现了医院职工积极向上的精神风貌，营造了和谐愉悦的医院工作氛围，促使医务职工以更加积极乐观的精神，为广大患者提供优质、高效、满意的服务。

上海市疾病预防控制中心工会

银球为媒　创建群众性体育运动特色品牌

"疾控杯"乒乓球锦标赛是由上海市疾病预防控制中心工会举办的一项传统的体育特色品牌项目，旨在以群众性的体育赛事促进市区两级疾控系统联动，为全市疾控系统乒乓球爱好者搭建一个切磋球技、增进友谊的赛事平台。丰富广大职工的文化生活，增强团队凝聚力，提高职工身体素质。自赛事创办以来，得到职工的积极响应和参与，已经成为上海市疾控系统的一项群众性体育运动的特色品牌。

"疾控杯"乒乓球锦标赛每年5月份举办。邀请市、区以及铁路疾控中心的乒乓球爱好者参与。由上海市疾控中心工会组织制定比赛规程（包括比赛时间、地点、参赛人员、比赛项目、奖项设置等），组织报名，比赛现场组织，宣传推广等工作，保障比赛的顺利进行。

"疾控杯"乒乓球锦标赛具有以下特色。

比赛形式多样化　赛事分为男单、女单、混合团体、超霸赛和领导干部邀请赛五个项目，比赛形式多样，兼顾不同乒乓球水平的职工，加强职工和领导的互动，以赛事增进交流和友谊，促进行业内的团结协作和业务工作的开展。

参赛人员广泛性　参赛范围覆盖了市区两级疾控中心，吸引了系统内广大职工的关注和参与，参赛队伍不断壮大，从第一届的14个区到全市所有区疾控中心以及铁路疾控中心陆续加入其中。为吸引更多的团队参与，从第七届"疾控杯"开始修改规则，将混合团体赛由7人制改为5人制。

同时，赛事严禁使用"外援"（非本单位职工），限制专业背景的乒乓球队员参赛。调动职工参与比赛的积极性、主动性，形成公平竞争、文明比赛的氛围（图1）。

图1 比赛精彩瞬间

比赛属性多元化 比赛性质除了竞争性，还在特定时期体现了公益性。比如2009年，赛后将比赛奖金全部捐赠给上海市红十字会，由红十字会转交汶川地震灾区人民（图2），用实际行动支援地震灾区。"疾控杯"乒乓锦标赛举办多年，吸引了越来越多的职工参与体育健身活动，队伍不断壮大。促进了群众性体育运动的普及，增强了职工的体育锻炼意识，增进了职工之间的感情交流，树立了上海市疾病预防控制中心工会的特色和品牌形象。

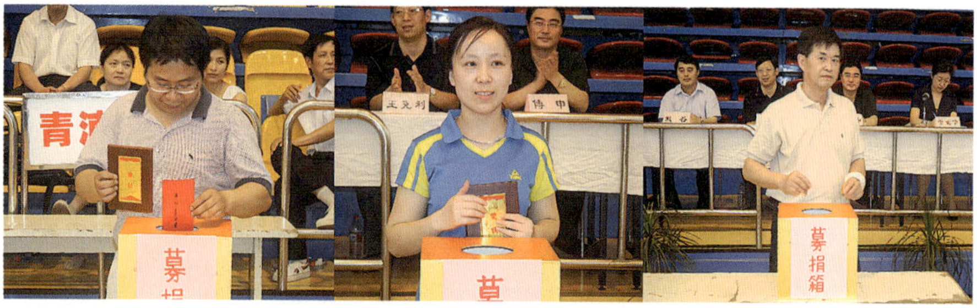

图 2　将比赛奖金全部捐赠给汶川灾区人员

点评 COMMENT

“疾控杯”乒乓球锦标赛连续多年举办，为全市疾控系统乒乓球爱好者提供了一个切磋球技、增进友谊的赛事平台，已经成为疾控系统“凝聚力工程”的重要组成部分。比赛贯彻“友谊第一，比赛第二”的原则，让职工在参与乒乓球竞技的同时，收获了友谊和感情，促进了交流和协作。赛事展现了上海市疾病预防控制中心工会的特色品牌，增强了工会组织的影响力和凝聚力。

复旦大学附属眼耳鼻喉科医院工会

引领职工奔跑在健康路上

"健康跑"作为一种具有广泛参与性和影响力的运动形式，通过直观的方式向人们传递健康理念，激发人们对运动的兴趣，培养集体意识和团队精神，也让参与者暂时远离城市的喧嚣，挥洒汗水，释放压力，享受片刻宁静与放松。

为丰富医院职工业余生活，提高职工身体素质，倡导绿色健康的生活方式，2023年夏，复旦大学附属眼耳鼻喉科医院工会在浦江郊野公园组织开展了"攻坚克难 迈向高质量发展新征程"建院71周年主题健康跑活动（图1）。

图1 建院71周年主题健康跑活动运动员合影

参与本次活动的有来自医院各部门近 70 位职工，院长周行涛、副院长兼工会主席邵骏出席并参与了全程活动。现场气氛十分热烈。

该次"健康跑"以奇迹花园为起点，通过柳鹭田园区，再环形跑回奇迹花园主会场，最终所有参赛选手均完成了 5 公里的赛程。

为宣传公益科普，促进职工身体健康，2023 年冬，医院工会在徐汇滨江党群服务中心开展了"五官我守护 公益科普跑"活动（图 2）。

图 2 "五官我守护 公益科普跑"活动运动员合影

该次活动共有全院各科室近 90 名职工参加，院党委书记钱飚、院长周行涛、党委副书记吴岳军、副院长兼工会主席邵骏出席并参与了此次活动。

该次健康跑新增 3 公里组别，共设 3 公里及 5 公里两组，每一位参赛选手根据自身情况选择适合自己的组别。升级了活动内容与形式，以期让更多的职工有机会参与到"主题健康跑"活动中，使职工感受到工会对职工身心健康的关心，对职工参加体育锻炼的支持，增强了职工的参与感与主人翁精神。所有选手均从徐汇滨江党群服务中心出发，3 公里组跑至龙腾大桥辅路后折返，5 公里组跑至西岸艺术中心后折返。最终参与者全部完成此次"科普跑"赛程。活动现场热闹非凡，在徐汇滨江留下了"五官人"追光而行的身影与笑颜。

"主题健康跑"活动拉近了职工之间的距离，增强了大家的凝聚力，营造了积极向上的团队氛围，院领导参与活动，以身作则、带头运动，将健康管理理念传递给了职工，为职工树立了健康榜样，鼓励大家通过运动保持身体的健康，促进医院健康、平稳发展。

"主题健康跑"活动，倡导了健康生活的理念。参与其中，在增强身体的耐力与抵抗力的同时，缓解了工作中的压力，培养了良好的意志力。每位参与"主题健康跑"活动的职工风雨无阻，不畏酷暑与严寒，如约前来活动现场并顺利完赛。这也体现了"五官人"攻坚克难，奋勇前进的精神风貌！

> **点评 COMMENT**
>
> 复旦大学附属眼耳鼻喉科医院工会利用周末，带领职工开展"健康跑"，倡导参与体育锻炼的健康生活理念，让职工在团队活动中释放压力、放松心情，在享受体育锻炼的快乐的同时，营造了团结进取、奋勇争先的积极氛围，增强了职工的凝聚力和对集体的归属感。

上海市闵行区中心医院工会

激发职工文体社团活力　提升医院"软实力"

为了丰富职工的精神文化生活，提升职工的工作满意度，促进职工之间的交流与合作，近年来，上海市闵行区中心医院工会持续推动职工文体社团建设，医院目前组建有九大社团：篮球社团、羽毛球社团、足球社团、乒乓球社团、舞蹈社团、书法社团、摄影社团、瑜伽社团、太极拳社团。通过开展丰富多彩的活动，吸引了众多员工的关注和参与，活动内容和方式不断创新，体现医院业务特色，促进医院发展，成为医院文化建设的一大亮点。

一、多元化的活动内容，体现医院特色

职工社团由工会办公室统一管理，工会支持和鼓励社团开展多种形式的活动，在丰富职工文化生活的同时，回馈社会，服务社会。社团活动体现医院业务特色，学术讲座、健康促进活动、文化艺术展示、志愿服务等，发挥了不同员工的兴趣和专长。

在学术讲座方面，医院邀请了各领域的专家和学者，分享最新的医疗研究成果、临床经验和前沿知识。这些讲座涵盖了各个专业领域，如内科、外科、妇产科、儿科等，为医务人员提供了更新知识和学习交流的机会。

健康促进活动则包括职工健身操、飞镖月月赛、线上健步走、趣味运动会、尊巴练习班、减脂运动训练营、八段锦、健康讲座、职工体检等。通过组织这些活动，医院鼓励员工关注自身健康，提供健康管理和预防保

健的指导。员工可以通过健康讲座了解健康知识，通过职工体检了解自身健康状况，并获得早发现、早诊断、早治疗的机会。

文化艺术展示包括音乐会、舞蹈演出、摄影书画展览等。医院有着众多具有艺术才华的职工，通过活动，提供职工发挥展示才艺的舞台，调动激发职工的积极性创造力，丰富了医院的文化氛围，提升了员工之间的交流与合作。

此外，医院工会还联合职工创新工作室，积极组织志愿服务活动，参与社区公益事业，为社区居民提供医疗咨询、健康教育等服务。通过参与志愿服务，医务人员能够将医疗专业知识和技能应用于实际，回馈社会，同时也增进了员工之间的团队合作和社会责任感（图1）。

图1　2023年学雷锋主题月文明实践志愿服务义诊活动医护人员合影

通过这些多元化的活动内容，医院社团能够满足不同员工的需求和兴趣，丰富员工的业余生活，提升员工的综合素质和幸福感。

二、创新的活动形式,促进医院职工的专业发展

医院社团活动不拘泥于传统形式,引入了创新的活动形式,如医疗技能竞赛、户外拓展、团队合作挑战、创意工坊等,激发了员工的活力和创造力。

医院工会意识到医疗行业的快速发展和变革,因此积极引入新颖的活动形式,以促进员工的专业发展和创新能力。医疗技能竞赛是其中之一。这种活动通过模拟真实的医疗场景,让参赛者在规定时间内展示他们的医疗技能和应急处理能力。不仅考验了参赛者的专业知识和操作技能,还培养了他们在高压环境下冷静应对和团队合作的能力(图2)。

图2 开展单人心肺复苏+电除颤、气管插管、胸腔穿刺术等医疗技术技能竞赛

户外拓展活动是一项富有挑战性和刺激性的团队建设活动,加强团队沟通和合作,有助于提高解决问题的能力,增强员工之间的团队凝聚力。医院工会联合团委组织了各类户外拓展活动,如定向越野、棒球击打赛、皮划艇和飞盘接力赛等,让员工们在自然环境中体验团队合作的重要性,激发他们的团队协作意识和创新能力。

医院工会还组织了各类团队合作挑战活动，篮球赛、足球赛、乒乓球赛等，通过团队合作和个人技能的结合，促进员工之间的团队合作和沟通。其中，篮球社团获得了"梅陇杯"闵行区职工三对三篮球比赛冠军。

创意工坊是为员工提供创造和表达的平台，通过手工艺制作、绘画、雕塑等方式，让员工发挥自己的创造力和想象力，获得艺术的满足和成就感。医院工会组织了各类创意工坊活动，如风干鲜花DIY、陶艺制作、海螺3D立体创意画等，让员工在艺术创作中放松身心，提升创造力和艺术鉴赏能力。

社团活动让职工在不同的环境和任务中挑战自我，激发了他们的活力和创造力，推动了医院的团队建设和职工个人的职业发展。

三、跨部门的合作交流，促进医院内部协同发展

医院工会鼓励不同部门和职业背景的员工之间的合作与交流，组织了跨部门的团队活动和项目合作，促进了医院内部的资源共享和协同发展。

社团积极组织跨部门的团队活动和项目合作，如院内定向赛、旱地冰壶赛等（图3），促进不同部门之间的沟通与合作。这种跨部门的团队活动

图3　来自不同部门的员工组队参加旱地冰壶赛

不仅促进了员工之间的交流和互动，还打破了部门之间的壁垒，促进了医院内部的资源共享和协同发展，加强了员工之间的合作和互信。

医院社团活动的多样性和质量的不断提升，吸引了越来越多的员工积极参与。员工积极参与各类活动，不仅增进了员工之间的情感交流，也提升了员工的团队意识和凝聚力。

> **点评 COMMENT**
>
> 闵行区中心医院工会组建多样化的文化社团，丰富职工文化生活，为员工提供了更多的施展才华的机会和社交平台，提升了职工的生活质量和工作满意度。同时，也为医院营造了积极向上、充满活力的工作氛围，推进了医院的创新发展。

上海市金山区疾病预防控制中心工会

多元"微社团"为文化建设开辟新路径

文化社团是组织职工开展文化活动的有效载体,但金山区疾病预防控制中心职工人数较少,中心工会就在原有兴趣小组基础上建立起"微社团",即人数相对较少的社团。在充分征求职工意见和建议的基础上,根据职工的不同兴趣爱好和特点,组建起篮球、乒乓球、羽毛球、健身操、书画、摄影等八个社团,依托"微社团"开展丰富多彩的文体活动,丰富职工业余文化生活、为职工创造参与团队活动、展示自我的舞台。

一、健全制度,加强管理,夯实社团活动的基础

"微社团"的组建,激发了广大职工参与文体活动的热情,共有70余人加入微社团,覆盖中心职工人数超过60%。中心党政将"微社团"作为中心"四微五型"党支部建设的重要内容,统一设计了微社团标志(图1)。从微社团组建,到每一次微社团活动的开展和年末的总结,均在中心

图1 微社团标志

党员大会上进行汇报。

"微社团"以开展训练活动为基础，突出活动的科学性、健身性、趣味性，最大限度地吸引职工参与，每位职工可以根据自身情况参加多个微社团，并要求积极参与微社团组织的活动。要求各社团在业余时间开展活动，原则上每月至少安排两次训练，时间以每周五下午三点后和其他业余时间为主。近三年来开展各类活动训练500余人次，自编自导歌曲MV《幸好有你》体现疾控人在抗击新冠疫情中的辛苦付出，摄影社团组织开展各类采风活动，提升了中心整体的摄影水平，对中心的日常宣传工作起到了很好的促进作用。工会负责微社团的日常管理，各个微社团在团长的带领下开展各项活动。微社团每年进行活动总结，工会进行考核。微社团的经费列入工会整体预算，经费的使用管理列入微社团管理制度内。

二、以竞赛为抓手，打造充满活力的职工社团

中心工会指导社团开展各类竞赛活动，举办职工运动会（图2），为社团提供展示交流的平台。并积极组织职工参加各级各类的竞赛活动，参与竞赛的主要人员均从微社团成员中选派，并邀请专业的教练进行指导，近三年来，羽毛球、篮球、乒乓球、健身操等社团共邀请教练指导10余次，获益人数40余人，形成文化类竞赛百花齐放，体育类竞赛你追我赶的氛围。中心篮球、羽毛球、摄影社团具有较为深厚的基础，中心工会做强做大这几个特色社团，交叉开展社团活动，带领其他社团共同发展。中心篮球社团获得2023年上海市疾控杯篮球赛亚军；乒乓社团获2023年上海市疾控系统乒乓球锦标赛第五名（图3）；摄影社获"大美金山"全国土地日摄影作品在线征集三等奖、2021红色经典影片桥段大赛三等奖，自编自导MV《幸好有你》入围金山区总工会职工原创作品评审会、金山区卫生健康系统第二届电子竞技比赛团体优胜奖等多项荣誉。

图 2 微社团开展"面向健康"系列运动会

图 3 乒乓球社团参加上海市疾控杯乒乓球锦标赛

三、"微社团"助推中心文化建设

中心工会以"微社团"为载体，组织职工开展文化、体育、健身、交流、比赛等活动，在中心内部，形成崇尚健身、追求健康文明生活方式的良好氛围；使职工形成良好的体育锻炼习惯，通过微社团活动，提升了团队合作意识，增强了凝聚力，促进疾控中心充分发挥在社会的健康引领作用，更好地开展公共卫生服务。

点评 COMMENT

金山区疾控中心工会克服所在单位人员不足的困难，在原有职工兴趣小组的基础上组建"微社团"，依托职工"微社团"开展各种文化体育活动，丰富职工文化生活，提升职工的满意度和凝聚力，营造了融洽和谐的氛围，展示了职工队伍积极向上的精神风貌。对于中心文化建设和整体工作的发展，起到了积极的推动作用。

03 EXPERIENCE 实践

深化院务公开民主管理

上海市肺科医院工会

创新职代会形式　推进医院民主管理

近年来，上海市肺科医院工会针对医务人员的岗位特殊性，为有效发挥医院职代会参与民主管理的作用，在医院党委和上海市医务工会的支持和帮助下，积极探索创新职代会的形式，将传统职代会转变为富有"弹性"的网上职代会。2020年3月，肺科医院工会在2015年基础上再次升级"云上职代会"系统，同步完善了手机移动端和网页端两个平台，分别承担会议管理和会议参与的功能，进一步提升了职工代表参与医院民主管理的及时性和便捷性，增强了职工代表履职的积极性，推进职代会更便捷、高效地参与医院民主管理。

一、提高了职代会组织管理的效率

随着医院规模变化、多地多院区运行模式的实行和医务人员工作岗位的特殊性，传统职代会的召集形式面临诸多矛盾。为此，肺科医院工会探索将职代会"搬"到了网上。肺科医院网上职代会管理平台升级后，医院职代会可以在手机移动端和网页端两个平台运行，网页端主要用于工会工作人员管理会议以及会后的统计分析，管理会议包括会议通知、上传文档、参会人员权限分配、投票表决、题目上传、参会情况监控等办会程序；会议统计包括提案统计、参会情况统计以及履职统计；其中提案统计包括提案数量统计、立案比例、落实比例、满意度比例、个人提案榜、小组提案榜等；参会情况统计包括参会人数、到会比例、小组参会榜以及个人参会榜；履职统计包括履职积分榜分别按年份、小组和个人来统计。手机端主要用于职工代表参会，包括参会、提出提案、个人履职记录查询等，可满足职工代表多地点参会，妥善安排递交提案、查询个人履职记录等自助功能（图1）。参会包括接收通知公告、职代表分组名单的公示、主席团名单公示、阅读文档、发表意见、小组讨论、投票表决、历届回顾、会场实况等；提出提案包括建议的提出、建议转提案流程、提案完成情况跟踪等，履职记录查询可以按年度查询，可以看到小组平均分。自动生成的大数据节省了大量办文、办会的人力物力，使职代会管理效率得到显著提高。

图1　2020年6月12日上海市肺科医院网上职代会手机版现场观摩交流座谈会

二、实现了职代会的常态化管理

网上职代会适应了医院管理和医务人员工作岗位特点，破解了不少普遍存在的现实难题。职代会的召开可以不受时间、地域的限制，职工代表们不管身处何地，只要在规定时间段内登录平台，就可参与会议、阅读报告、提出修改建议、投票表决等，改变了传统职代会的地域固定模式，提

图 2　2021 年 6 月 17 日中国教科文卫体工会全国委员会
高洁副主席一行来上海市肺科医院调研工会相关工作

高了职工代表参会的便捷性；职工代表对于涉及职工切身利益的议题，可以通过平台直接发起，无须等待，网上职代会突破了传统职代会一年只召开一至两次、会期短暂的局限性，职代会会期可以从原来的一天适当延长到一至二周，从时间和空间上实现了职代会的常态化。

三、提高了职工代表履职的积极性

网上职代会可实现全程留痕，职工代表如有需要在会后还可对议题进行认真研读，如有修改意见，也可在提案中提出，会议结束资料自动留存，职工代表履职情况可以得到全面地反映，有助于加强职工代表履职的自觉性和责任感。职工代表作为职工选举的民主管理代言人，为了不辱使命、不负所托，职工代表可随时随地借助平台及时反映广大职工的诉求，充分表达意愿，充分行使民主权利，充分发挥知情权、参与权、选择权和监督权。较之以往传统形式的职代会，网上职代会更有助于提高代表和职工参与民主管理的积极性。

点评 COMMENT

上海肺科医院工会探索职代会形式创新,开发网上职代会平台,适应了医务职工的岗位特殊性,在行业内获得积极的反响。2020年网上职代会平台的再一次升级,在添人气、重民意、补功能、强履职等方面使基层民主管理进一步落到实处。肺科医院工会运用现代科技,打造智慧工会的探索,对于激发职工的主人翁积极性,提高医院职工民主管理的及时性和有效性,具有重要的意义。

上海市精神卫生中心工会

规范职工代表履职　推动民主管理落到实处

职工代表是企事业单位职工代表大会的基本组成要素，是职代会民主管理权力的行使者。多年来，为了规范职代会制度运行，有效落实职代会各项职权，上海市精神卫生中心先后建立和实施了《职工代表参与党政职能科室绩效考核制度》《职工代表大会提案办理工作制度》《职工代表巡视制度》等一系列民主管理制度。为了进一步规范职工代表的履职行为，2018年，市精神卫生中心经职代会审议通过了《上海市精神卫生中心职工代表履职考核办法》（以下简称《办法》），以增强职工代表的责任意识，激发职工代表履职动力，督促职工代表依法履职。

一、设立履职清单，明确"代表"应该做什么

《办法》制定了职工代表履职的标准，明确职工代表的职责和工作任务，同时对相关内容及标准进行了量化。如：任期中至少提出一件提案。根据履职的重要程度、履职结果设置不同的分值，鼓励职工代表履职的积极性，主动性。同时，还设置了加分项，体现考核的正向引领作用，注重提案的质量，体现针对性和有效性。如：职工代表提出的提案确定立案的，给提案人加5分。

履职"清单"，明确了职工代表做什么、怎么做，让职工代表在履职过程中有了明确目标。避免部分代表的履职仅仅停留在"参加会议、举手表决、拍手通过"的阶段，避免了对代表身份认识不足、责任意识不强、参

加会议"代而不表、代而不言、代而不为"的情况。

二、建立履职档案，履职情况有迹可查

上海市精神卫生中心工会建立完善职工代表履职档案，做到一年一表，如实记载职工代表履行职责、出席会议和参加活动等情况，使履职考核有了依据；以往职工代表履职的"糊涂账"变为"明白账"，激发了职工代表作为职工"代言人"的担当意识。

三、开展履职考核，代表履职有"评价"

《办法》明确了考核内容和考核办法。工会牵头负责职工代表履职考核相关事宜，考核每年一次，由选区职工和职工代表听取有关职工代表对于自身年度履职情况的汇报，内容涉及会议期间履职情况、闭会期间履职情况。主要包括会议期间出席会议、审议报告、发表意见、提交议案建议；闭会期间参加职工代表巡视、培训、联系选民等方面（图1）。工会组织选区职工对代表开展民主测评，做到考核过程与结果的公开、公平、公正。考核等次分为履职好、履职较好、履职差三类，考核结果向职工代表反馈（图2）。

为使考核真正发挥实效，考核结果与奖惩挂钩。对于"履职好"的代表予以精神鼓励；对第一次考核为"履职差"的代表给予口头提醒；对连续两次考核为"履职差"的代表，建议所在选区更换职工代表（图3）。考核结果的运用也是"动真格"，2022年，中心职工代表进行换届改选，对于任期内无提案的20多位职工代表，建议不再担任职工代表。

职工代表履职考核办法实施五年来，充分发挥了"风向标"和"指挥棒"的作用，既对职工代表联系、服务职工的"行为"有了规范，也对职工代表参政议政的"数量"有了要求，对职工代表履职的"质量"有了评价。职工代表作为职代会运行主体的活力和热情被激发，履职实现从参加

图 1　职工代表履职巡视

图 2　职工代表履职情况向职工代表报告

图 3　职工代表履职考核报告会场

会议到履行职能的转变，从"要我履职"到"我要履职"的转变。

随着考核机制的建立，职工代表更加有为、更加敢为、更有作为，联系选民更为密切，对提高职代会运行质量发挥了积极作用。选区选民对职工代表民主测评履职满意率达90%以上。两位职工代表评为上海市医务工会"优秀职工代表"，两项提案荣获"优秀职工代表提案"。

> **点评 COMMENT**
>
> 欲成其事，必赋其权；既赋其权，当责其效。上海市精神卫生中心工会制定完善职工代表管理考核制度，从职工代表的选举产生、职能培训到履职考核，全过程规范职工代表的履职行为，督促职工代表牢记重托、履职尽责，真正发挥其代表职工参与企事业单位民主管理、表达职工意见建议的作用，促进职代会在基层民主建设中的责任和效果得到真正体现。

上海交通大学医学院附属瑞金医院卢湾分院工会

组建民主管理联络员队伍　助力医院高质量发展

为加强医院职工民主管理，畅通职工诉求反映的渠道，上海交通大学医学院附属瑞金医院卢湾分院（简称"瑞金医院卢湾分院"）工会探索创新民主管理工作模式，通过建立一支来自临床一线职工组成的民主管理联络员队伍来参与医院民主管理，及时反映医院管理存在的问题和职工的意见建议，拓宽了职工参与民主管理的渠道，激发了职工对于医院建设发展的主动性积极性。

一、组建民主管理联络员队伍

瑞金医院卢湾分院民主管理联络员是由医院各部门工会推荐的职工代表组成的（图1），院工会要求代表是来自各科室、各部门、各临床一线岗位的在职职工，具有一定的代表性和参政议政能力，并且要求不担任任何职务。各部门推荐后由院部聘任，任期三年。民主管理联络员队伍人数在10人左右，有医生、护士、医疗技术人员、后勤保障人员，以及行政人员等，具有广泛的群众性和代表性。

二、完善联络员工作制度

民主管理联络员承担收集反映医院管理存在的各类问题的职责（图2），每季度由工会牵头召开民主管理联络员会议，联络员将收集的问题和职工意见向院工会汇报。再由院工会负责汇总整理。如果是需要立即解决

图1　召开民主管理联络员会议

图2　书记与民主管理联络员现场巡视整改情况

的问题，可在联络员微信群中请工会负责马上解决。

院工会负责将联络员会议主要反映的内容在院长办公会上汇报，医院分管领导现场解答，经讨论需要进一步解决的问题由院办分发给各职能科室，并发放整改记录单。在医院定期召开的中层干部和护士长会议上，由工会负责汇报联络员会议提出的问题，让所有科室和部门知晓，提高重视度。对于需要解决的问题，工会负责跟踪整改落实情况，一般在整改单下发两周后，工会再次把整改结果和情况在院长办公会上汇报。工会还需将整改情况及时告知联络员，对于暂时整改有困难的问题，及时与职工和联络员沟通，得到他们的理解。整个过程自下而上，自上而下，形成闭环（图3）。

图3　住院部厕所整改前后的对照情况

瑞金医院卢湾分院这项民主管理探索已开展多年，联络员不负职工所托，每个人都非常认真，每次会议都是有备而来，他们将平时自己看到的听到的记录下来，开会时逐条汇报，讨论热烈。仅2023年1月至11月，就收集到各类问题52条。问题涵盖临床诊疗流程、医院环境卫生、医院信息系统改进、患者便捷就医流程、医务人员休息室建设等等。其中，在问题收集汇总后即知即改的有20条；经过相关科室努力后已得到整改的有28条；暂时无法整改，跟职工沟通获得理解的有4条。通过整改，医院重新制定、修订了各类管理制度，不断完善临床诊疗流程，助推了医院各方面的发展。

从联络员收集反映的问题中可以看到，大到医院发展方向、奋斗目标；小到垃圾桶清理、标识指示牌的放置，职工事无巨细，一一关心，充分体现了职工的主人翁精神。他们在繁忙工作之余，时刻关注着医院的发展，在发现问题、反映问题、解决问题的整个过程中，院领导、各职能科室、工会组织、民主管理联络员和广大职工群策群力、各司其职，形成了党委统一领导、党政共同负责、职能科室齐抓共管、职工群众广泛参与的民主管理工作的良好格局。也发挥了医院群团组织的桥梁纽带作用，增强了医院职工的向心力和凝聚力。

> **点评 COMMENT**
>
> 瑞金医院卢湾分院工会积极探索医院民主管理工作新路径，通过建立民主管理联络员队伍，及时听取职工的意见与建议，解决医院管理建设中存在的问题。畅通了职工意见表达的渠道，体现了职工在医院建设与发展中的主体地位，也为医院领导科学决策提供了依据，对于增强医院职工的积极性和凝聚力，推动医院高质量发展具有重要作用。

上海市虹口区医务工会

推进职代会制度建设　　维护职工民主权利

上海市虹口区医务工会在虹口区卫生健康委工作党委的领导下，认真学习贯彻习近平总书记关于工人阶级和工会工作的重要论述，团结引领广大医务职工紧紧围绕虹口区卫生健康事业发展目标，发挥主力军作用，以落实职代会制度为抓手，组织职工参与医院民主管理，保障职工的民主权利，促进医务职工和单位的共同成长发展。

一、强根本，提升工会干部和职工代表履职能力

为加强工会干部和职工代表履职能力，提高职代会质量，医务工会每年结合工作重点，开展工会干部培训和基层职工代表培训（图1），为基层

图1　虹口区医务工会组织职工代表培训

单位发放工会《组织工作实务手册》《民主管理实务手册》《工会工作实务手册》等有关工作指导类书籍,便于基层工会依照有关制度开展工作。各基层工会也都认真开展职工代表培训,提升职代表综合素质,以促进职工代表具备相应的履职能力。

二、建机制,筑牢维护职工权益的工作基础

虹口区卫生健康系统各基层工会认真落实《上海市职工代表大会条例》《上海市企事业单位职工代表大会工作规范》等相关法规、文件,公立医疗机构已全部建立职代会(职工代表大会)制度(图2),职工通过职代会依法依规行使权利。基层工会根据上级工会要求,认真规范落实职代会制度。基层工会的职工代表,严格按照要求选举产生,职工代表认真履行各项职权。为保证职代会质量始终如一,不受基层工会主席更替影响,医务工会实行新任主席谈话制度,由卫生健康工作党委分管领导对新任工会主席谈话,将对职代会的工作要求纳入谈话内容。除谈话外,虹口区医务工会还

图2 召开职代会

对新上任工会主席就《上海市职工代表大会工作规范》进行辅导，形成常态辅导机制。

三、重内涵，提高职工对职代会工作满意度

各基层单位非常注重职代会的内在质量，提升职代会内涵。会前除了向医务工会申报外，还与职工积极沟通，了解广大职工群众反映的热点问题，了解职工群众需要职代会解决的关于自身利益的重大事项、收集职代表提案。如涉及新修订制度或需要通过的各类草案等文件，在职代会召开前一周分发到代表手中，职工代表认真审议，做好意见的汇总和反馈工作，提出修改意见，充分发挥职工代表大会民主管理、民主监督的作用。每次职工代表大会会议的组织准备都严格按照规范进行，保障职代会质量，特别注重审议、表决等关键环节，职工代表对职代会质量满意度高。

四、走实地，加强职代会的监督指导考核

为确保基层工会职代会质量，虹口区医务工会走实地、见实效。每年都派出工作人员，到各基层工会参加职代会，进行现场监督指导，了解基层工会职代会是否规范、职工民主权益是否得到保障。为了让职代会工作在各基层工会得到足够的重视，虹口区医务工会还将职代会的开展情况纳入对基层工会的考核，每年各基层工会考核情况也都纳入区卫生健康工作党委对基层单位党组织的考核，通过这种方式，层层监督、传导压力，确保职代会质量。

五、出成效，促进卫生健康中心工作发展

通过不断加强职代会制度建设，职工民主管理工作已在系统内各医疗单位得到较好的落实。各基层工会每年至少召开两次职代会，领导班子向职代会述职述廉（图3），职代会听取医院及各重点部门工作报告，如医院

图3　单位领导在职代会上述职述廉

的年度工作计划、年度财务工作报告和集福金使用报告、医院药品采购工作情况报告、医院基本建设和重大设备购置情况报告、中层管理干部年度考核情况报告、院务公开工作报告等。涉及劳动报酬、工作时间、休息休假、保险福利、绩效调整、女职工权益保护、劳动安全、劳动用工管理、职工教育培训等制度，改革改制中涉及的职工安置方案，医院的职工聘任、考核奖惩办法，收益分配的原则和办法，职工生活福利制度以及其他涉及职工切身利益的重要事项，均形成草案，提交职工代表大会讨论，确保职工的知情、参与，体现职工主人翁地位。

加强职代会制度建设的各项举措，有力地保障了各医疗机构民主管理工作的扎实推进，职工积极主动参与到各项业务工作之中，有力地促进了卫生健康中心工作，医院和职工得到了共同的成长和发展。广大职工在工会组织的带领下，听党话、跟党走，围绕着健康中国的目标，为实现中国式现代化努力奋斗。

点评

上海市虹口区医务工会推进医疗卫生机构职代会制度建设，通过提升职工代表素质、丰富职代会内涵、健全职代会工作机制、加强职代会监督指导考核等措施，健全完善职工民主管理工作。医务职工的民主权利得到有效保障，职工合法权益得到有效维护，职代会、院务公开工作满意度保持在较高水平，保证了医疗卫生体制改革的各项措施平稳落实，促进了医院和职工的共同成长发展。

04 EXPERIENCE 实践

加大医务人员关心关爱

复旦大学附属华山医院工会

实施员工关爱计划　促进医务人员职业健康

华山医院工会员工关爱和健康促进工作起始于2013年，在上海卫生系统中属首创，以"华山员工关爱计划"（HEAP）为平台开展实践。近年来不断丰富发展，特别是在2020—2022疫情防控期间中融入新的元素，形成"HEAP+心理健康""HEAP+健康促进""HEAP+职场环境""HEAP+人本管理""HEAP+思想政治"等多元化、全方位的医院员工关爱工作体系。

一、促进员工提升健康水平，打造职场健康文化

医院健全完善职工健康体检工作，根据生命周期疾病谱变化，动态调整体检项目；建设健康食堂；因地制宜建设职工健身场所，鼓励职工"轻"健身，倡导"时间碎片和地点多样"的健身新理念，推广"班前5分钟，你先high起来"办公室工位健身；针对重点和亚健康高危岗位，开展"远离亚健康，从我做起"员工健康综合管理项目。

二、完善心理援助体系，促进员工心理健康

开展"幸福华山"主题培训和团辅活动及"和谁一起午餐"协调会，帮助员工实现良好沟通、提高心理自我管理和调节能力。在员工遇到矛盾冲突时，以解决问题为导向。突发应激事件48小时内干预，第一时间给予支持和慰问，必要时给予法律咨询援助、保险理赔和心理咨询帮助。在日常工作时，以缓解不良情绪为导向，开展正念减压MBSR工作坊（图1）、

正念芳香、巴林特小组、叙事医学工作坊等，使医务人员在工作中产生的焦虑和挫败情绪得以宣泄。

图1　正念减压 MBSR 工作坊

三、鼓励开展岗位创新，助力员工职业发展

制定并实施《职工岗位科技创新激励制度》《华山医院职工岗位创新扶持计划》《华山医院职工岗位创新发明项目评优方案》等，为员工搭建科技创新平台；创立"华山武林大会"职工岗位技能比武品牌，内容涵盖护理技能、医疗急救、合理用药、院感防控、科普演讲等系列，激励员工技术冒尖；通过"成长驿站"青年发展辅导工作室、"青年成才培育计划""青年学院"等平台，对青年员工进行价值引领、成长解惑和发展辅导。

四、优化职业环境，完善员工服务支持系统

改善工作环境，增设职工休息场所（手术休息室、办公室、值班室

等），打造华山职工健康休息室"望山居"（图2）；为职工健康创造支持性环境；完善安全生产管理机制，保障员工身心健康。

图2 "望山居"华山职工健康休息室

开展法律知识培训、人际交往培训、沟通技能培训、婚姻家庭问题指导，举办家庭理财、养生美容、科学膳食等生活类讲座，丰富职工业余生活，提高员工综合素养；开展"华山家庭日""华二代亲子夏令营""华山亲子嘉年华"等活动，促进员工与家庭的沟通和支持。在疫情防控期间，实施全面的关爱服务：联络协调政府和社会捐赠生活物资配送，走访或电话问候一线抗疫队员家属"全覆盖"，组织援鄂援公卫人员疗休养，保障前线队员生活物资"全天候"，为一线医务人员送餐和食品、生活必需品慰问。开展抗疫人员心理关爱服务，开展"前线医务人员心理调适"岗前培训，建立所有抗疫人员参加的微信群，安排心理关爱师提供普适性支持，工会微信公众号发布原创人文关怀类、心理支持类和自助科普类文章，为战疫一线员工及家属提供了有力的心理支持（图3）。

图3 为闭环运营的院区提供食品、营养品、生活用品等

华山医院员工关爱计划的实施取得了显著的成效，2019—2022年国家公立医院绩效考核医院员工满意度得到提升，员工职业倦怠阳性率下降3%，社会支持水平提高18.8%，主观幸福感水平提升7.8%。近年来，这一探索先后被评为2021中国公立医院高质量发展论坛创新管理经典案例、2021中国医院绩效大会满意度评价单元最佳案例、2020—2022上海市委宣传部"上海基层人文关怀心理服务品牌案例"、2021第五届中国医院管理奖党建文化实践案例组金奖、2023第八季改善医疗服务行动医院擂台赛华东赛区"患者体验管理与调动医务人员积极性"单元优秀案例、2023年国际EAP协会中国分会"卓越实践奖"、2023中国企业文化促进会"企业文化建设优秀成果一等奖"、"心理健康促进领域优秀成果奖一等奖"等。医院荣获上海市人文关怀心理疏导示范点、中国医院协会"人文爱心医院"。

点评

COMMENT

华山医院工会坚持开展员工关爱和健康促进工作，不断充实内涵，从促进员工身心健康、助力员工职业发展和完善员工支持性环境等方面，构建"华山员工关爱工作体系"，落实对医务人员全方位的关爱服务，为医务人员创造良好的职场环境。华山医院工会的探索，对于推动医院真正成为社会信任的健康促进保障地、患者认同的医疗服务满意地、员工向往的职业发展地起到了积极的作用。

上海市胸科医院工会

全面落实员工关爱　打造温暖职工之家

上海市胸科医院工会坚持以习近平新时代中国特色社会主义思想为指导，深入学习贯彻习近平总书记关于工人阶级、工会工作的重要论述，以职工需求为导向，扎实落实员工关爱计划，为职工办实事解难事，排忧解难，让职工感受"胸科"大家庭的温暖，增强职工的归属感、获得感和幸福感，为医院高质量发展注入源源不断的内生动力。

一、多样化的文化活动，满足职工精神文化需求

胸科医院多年来坚持举办体育文化节和文化艺术节（图1），工会承担

图1　2023年胸科文化艺术节闭幕式暨多彩集体舞大赛

了活动策划、拟订方案和活动组织工作，文化活动紧紧围绕医院中心工作，贴近职工实际，根据职工特点和爱好、身体素质等，设置不同类型的活动项目，最大限度地提升职工参与度，打造胸科特色文化品牌。

医院工会以端午节、中秋节、重阳节等传统节日为契机，组织开展各类主题活动，如烹饪品尝、趣味游戏、特色慰问等，以满足职工的精神文化需求，体现了医院的人文关怀。

胸科医院工会在职工中大力组建文化社团，建有瑜伽、尊巴、摄影、乒乓球、羽毛球射箭等十余个社团，胸科医院工会以社团建设为抓手，组织开展丰富多彩的文化活动，为职工提供一个舒缓压力的平台，让职工在紧张繁忙的医疗工作之余得到纾解压力、休息放松的机会。

医院设有职工之家、职工健身房、妈咪小屋、图书阅览室等，为职工精神文化生活提供了完善的硬件支持。营造温馨、舒适、放松的环境，得到了广大职工的一致好评。

二、多元化的关爱举措，让职工感受工作集体的温暖

医院工会每逢医务人员的特定节日，如护士节、医师节等，组织专项慰问活动（图2），如遇职工结婚生育等大事，工会也给予专项慰问。2023年"三八"妇女节期间，医院工会开展"凝聚她力量、绽放她光彩"活动（图3），展示医院女职工的风采，让女职工感受到医院工作集体的关爱。为保障女职工健康，落实了"两癌"筛查体检项目；购买了"女职工特殊疾病互助保障计划"；为满足孕期、哺乳期女职工特殊需求，为她们定制了"天使妈咪"孕期、哺乳期工作服；开设了女职工"居家情绪管理课程"。医院工会积极为职工办好事实事，举办"职工子女暑期夏令营""缘聚七夕"单身职工联谊活动，组织开展元旦春节期间送温暖，盛夏高温的送清凉活动等，进一步增强了职工的获得感和幸福感，增强了医院集体的凝聚力。

图2 护士节慰问

图3 "三八"妇女节活动

面向困难职工,院工会以精准帮扶为核心,落实关爱措施,形成由市总工会、市医务工会、胸科医院组成的"三位一体"的帮扶救助体系。修订了《医院救急济难基金会在职职工补助实施办法》，大幅度提高了救急济难补助标准。同时还拟定了《关于本院职工在本院就医福利待遇的有关规定》，让职工共享医院发展成果。

院工会将职工家属、进修生、研究生、外包公司职工等纳入员工关爱工作范畴，举办进修生中秋座谈会、外包公司职工留沪座谈会等活动，进一步增强他们的归属感和对胸科医院的认同感。

三、多层次的工作网络，精准落实关爱举措

胸科医院工会始终保持跨前一步的主动服务姿态，倾听职工建议和诉求，充分发挥部门工会的桥梁纽带作用，及时掌握职工思想动态和诉求，对职工遇到个人健康、家庭生活等方面的困难，予以帮助解决，做到真诚服务每一位职工，认真对待每一项诉求。

在医院内坚持上下联动、部门协同，相关职能科室之间建立常态化信息沟通机制，在涉及职工关爱工作方面的问题及时沟通商量，形成多方参与的职工关爱工作格局，确保职工关爱无死角，把"我为群众办实事"落到实处。

> **点评 COMMENT**
>
> 胸科医院工会坚持以职工为本，通过形式多样、覆盖广泛的务实举措，优化职工工作环境、提高职工生活质量、解决职工实际困难、实现职工全面发展，让职工切实感受到来自"胸科大家庭"的温暖，进一步增强了职工的归属感、获得感、幸福感，医院工会提出全方位无死角的员工关爱工作理念，体现了工会作为职工之家的目标追求。

上海市中医医院工会

传递关心关爱　畅通民情民意
——市中医医院开设"心灵茶吧"

为缓解职工工作压力、促进职工身心健康，2022年3月，上海市中医医院启动建设"心灵茶吧"项目，以此为载体，反映民情民意，加强交流沟通，分享健康文化，并成为组织开展文体活动和关心服务医务人员的工作平台。"心灵茶吧"提升了医院职工的获得感和幸福感，增进了医院的和谐工作氛围。

一、畅通沟通渠道　了解民情民意

"心灵茶吧"项目主要依托医院工会制定的《民情民意沟通办法》，在院工会、部门工会和工会小组组成的民情民意三级沟通网络的基础上，通过定期的座谈、品茶论道等形式，及时了解医护人员的想法和面临的困难问题，听取意见建议。2022年全年共举办涵盖放射科、检验科、血液病科、内分泌科、护理部、中医特色诊疗中心等部门的20余场"品茶论道"形式的职工民情民意沟通会（图1），收集职工对医院建设发展、科室基础设施配备、职工自我提升、福利保障等方面的民意信息25条。对此，工会召集相关部门商讨解决对策，明确职责分工，形成解决方案，上报党政领导，有效回复率达到100%。职工此前普遍关心的改善绩效和食堂就餐环境等福利保障以及院内停车问题，也通过安排专人督办，联系相关部门，得到有效落实。

依托"心灵茶吧"项目,职工休息娱乐的硬件建设也得到改善。医院对职工休息室进行了功能化增设和改造。2023年建成集休息、阅读、会议、娱乐于一体的多功能职工休息室,成为医院职工的"能量港湾"。

图1　品茶论道座谈会

二、传授健康课程　开展心理疗愈

"心灵茶吧"项目启动初期,正值疫情防控期间,针对医务人员面临的心理压力和疾病,聘请心理学方面的专家学者以团体咨询与个体咨询相结合的方式,为职工提供身心疗愈服务。2022年共开展四期以"心理疏导和修复"为主题的线上课程,帮助长期在院工作无法回家的医务人员舒展身心、修复体能、回归良好工作状态。后期重点采取线上课程和线下课程相结合的方式,结合不同人群需求开设不同主题的课程,并制作成健康精品课程清单,每个月定期举行2～3次的线上或线下心理咨询课程。

"心灵茶吧"项目也注重开展减压放松的职工文体活动,2023年3月,组织开展职工"健步行"活动(图2),吸引了300余名职工参加。通过亲近大自然、集体游戏等方式，职工在锻炼身体的同时，增进了同事间的沟通交流，获得了心理的减压放松。

图 2　职工"健康行"活动

三、传递关爱　协同抗疫

"心灵茶吧"在疫情暴发的特殊时期，发挥了回应职工各项诉求，落实关爱服务措施的作用。2022年3月，上海面临严峻的疫情形势，医护人员的工作量陡然增加，工作环境困难复杂。在医院党委的领导下，工会办公室全体成员深入一线，成为关爱职工的"主力军"。借助"心灵茶吧"，畅通全院职工的诉求渠道，及时了解职工困难，落实多项关爱举措，全力做好对重点部门、重点岗位以及外派医疗队员的关爱服务工作，共计发送物资60余批次。2022年底新冠感染高峰期，工会第一时间协调进行药品、血氧仪、体温计等防疫物资采购，为职工发放关心关爱大礼包1 000余份，全力为抗疫一线职工提供支持保障（图3）。

加大医务人员关心关爱

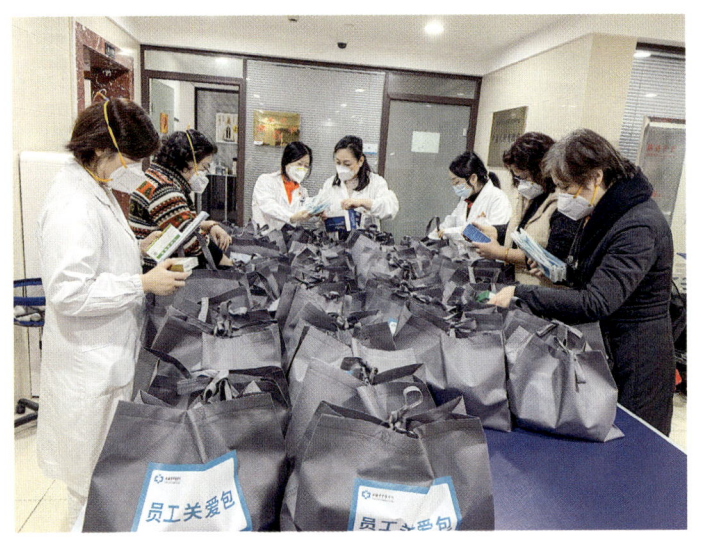

图3 关心关爱小分队分拣员工关爱包

> **点评 COMMENT**
>
> 上海市中医医院工会开设"心灵茶吧"项目,旨在创造沟通交流、传递关爱的工作平台,为医务人员提供反映民意、交流思想、进行心理疗愈、开展健康服务的载体。这一举措,体现了和谐、关爱的医院文化,为医务人员缓解工作压力和矛盾,促进身心健康,起到了积极的作用。

上海市黄浦区卫生健康国资管理中心工会

心系一线　情暖后方

在新冠疫情防控工作中，黄浦区卫生健康国资管理中心承担了系统应急防疫物资的调配运送任务，为一线与病毒激烈交锋的"白衣战士"提供充足的"弹药"和"粮草"，是防疫物资保障的"辎重兵"。在职工全力以赴为前线医护提供物资支援的同时，黄浦区卫生健康国资管理中心工会（简称"中心工会"）则及时为战"疫"职工送上关心关爱。中心工会积极拓展服务领域，探索以多种方式服务职工群众，开展丰富多样的文体活动，促进职工身心健康，努力为职工办好事实事，让职工感受到工会职工之家的温暖。

一、适应防疫需要，开展劳动和技能竞赛

2021年，为进一步夯实防疫工作基础，推动系统应急防疫物资保障工作提质增效，中心工会组织开展以"以赛促干，同心战'疫'"为主题的防疫物资保障劳动竞赛（图1）。融知识性、实用性为一体的实操及知识竞答，检验了中心职工遇到突发采样现场物资保障时的应急处置能力，引导大家在科学做好自身防护的基础上，进一步筑牢应急防疫物资保障工作阵地。

二、打造"职工驿站"，化解职工工作生活中的难点痛点

由于中心没有配建食堂，用餐难是职工反映较集中的问题。2022年，

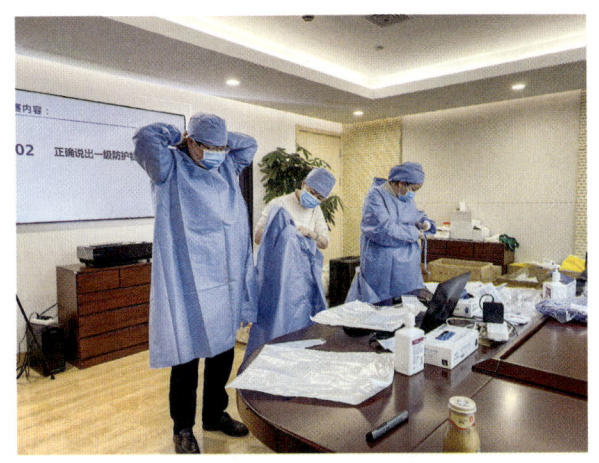

图 1　防疫物资保障劳动竞赛

中心工会专门辟出一间干净、明亮的房间作为"职工驿站"(图 2),添置冷热一体直饮水机、冰箱、微波炉、桌椅等,因地制宜纾解职工午餐难问题。中心工会持续丰富"职工驿站"的服务内容,增设图书角(图 3),按

图 2　职工驿站

图3 图书角

照职工的"愿望书单"先后多次购置图书，引导鼓励职工多读书、读好书，营造了温馨和谐的学习环境。目前，"职工驿站"图书角共有图书700余册，涵盖人文社科、医疗卫生、历史哲学、商业经济、文学艺术等多个品类。

在上海疫情封控、中心职工轮班值守期间，"职工驿站"更是成为服务职工的前哨站和精神、体能的补给站。"职工驿站"兼具职工用餐休息、读书阅读、休息放松的功能，提升了职工的获得感和幸福感。

三、开展多样化的文体活动，促进职工身心健康

中心工会自2022年起多次举办职工趣味运动会。内容有室内乒乓球（图4）、跳绳等竞技项目，也有亲近自然的户外团建拓展（图5），有打卡外滩滨江步道沿线红色地标的健步走，参观游览第十届中国花卉博览会等（图6）。通过多种形式鼓励职工动起来，加入全民健身行列，燃烧卡路里，提高身体素质，共享健康美好生活。

图4 室内乒乓球运动

图5 户外团建活动

图6 游览花博会

在节假日期间,中心工会组织开展文化体验活动,元宵节有包汤圆、扎灯笼;妇女节有缝卡包、裱蛋糕、做挂饰;儿童节举办职工子女小小画展,盛夏时节举办茶艺体验活动等。顺应季节、时令,开展内容丰富、形式多样、寓教于乐的集体活动,让职工们在紧张忙碌的工作之余有了多彩生活,丰富了职工的精神文化生活,培育了爱岗爱家爱生活的情怀,营造了文明祥和、和谐愉快的集体氛围(图7)。

图7 手作活动

点评

在抗击疫情的特殊时期,黄浦区卫生健康国资管理中心工会积极做好后勤保障服务工作,通过多种途径,关心职工身心健康,开展丰富多彩的文体活动,以"为职工群众办实事"的实际行动,擦亮以服务为特色的"工"字号品牌。

上海中医药大学附属龙华医院工会

落实精准帮扶　为困难职工雪中送炭

近年来，上海中医药大学附属龙华医院工会在落实关爱职工工作中，重点对院内近 10 名身患大病、因病致贫的职工，制定了一系列帮扶措施，持续性地开展了帮扶工作。希望通过一系列帮扶措施，帮助他们稳定病情，重新回归工作岗位，维系家庭和睦，解决后顾之忧，在身体、经济、工作、家庭等各方面得到关心、帮助，感受到医院工作集体的关爱温暖。

多渠道为职工购买大病保险　龙华医院工会为职工购买了上海市职工互助保障会综合保险、大病保险等，叠加上海市医务工会为医院职工购买的大病保险以及上海市医务工会救急济难金。

成立医院解困基金，建立一日捐机制　龙华医院工会在每年年初组织院内"一日捐"活动，每位职工按照职称捐献一定金额，行政给予 1∶2 费用匹配，这笔费用用于大病困难职工的每月定期补助。根据病情及治疗方案，给予一定经济支持，原则上职工在结束治疗后，或重返工作岗位后，停止定补。

及时家访，关心职工，安抚家属　在得知职工身患重病后，龙华医院工会即进行家访，并保持和患病职工的家庭联系，给职工送去工会的补助，为职工治疗方案以及愈后如何安排生活、工作出谋划策，让家属帮助职工调整心态，感受家庭的温暖，为有困难的家属提供解决方案建议，鼓励职工子女在陪伴父母康复的同时，悉心照顾父母，认真学习，让父母安心养病。

坚持鼓励，帮助大病职工重返工作岗位　鼓励大病职工积极治疗，康复后慢慢恢复工作，回归社会。通过与大病职工所在科室协商，安排合适岗位帮助职工重返工作，并跟踪了解这些职工回归工作岗位后的身心状态。借助"知心姐姐"热线、"知心"谈话空间等，在职工重返岗位后，帮助这些职工更好更快地适应工作。

关心职工家属，解决后顾之忧　子女的教育和老人的赡养是这些大病职工尤为关注的问题。院工会做好大病职工家庭登记表，摸清他们的家庭情况，针对不同的家庭，给予成员不同的建议。在关心大病职工本人的同时，也兼顾关心他们的子女学业、老人照顾、心理等方面。通过与子女的谈心，为他们的学习成才出谋划策，帮助树立正确的价值观，直面学习、生活中的困难。通过与职工或是职工家属聊天，在倾听、开导的同时，也帮助提供解决困难的建议。

如一职工身患胃癌，在术后一年内转移，无法工作，丈夫收入较低，还需要照顾年迈的母亲和女儿（患病时，女儿上初中），家庭情况令人同情，院工会为她申请各项慰问金，给予定期补助，同时经常上门慰问（图1），鼓励她与病魔作斗争，并为她女儿的学习给出规划意见，不时鼓励她女儿好好学习，让妈妈放心，并经常联系该职工的丈夫，安抚情绪，给予他如何帮助妻子、如何陪伴妻子走完最后一程的建议。在工会的帮助下，在对女儿的不舍中，在自身顽强的意志中，该职工撑过了医生预估的生存时间，看到了女儿完成中考，顺利进入高中学习。在她离世后，考虑到她的家庭情况，医院工会依然不定期家访，与其丈夫、婆婆保持联系，关心女儿成长。在女儿高考的特殊时期，除了加油鼓劲的短信外，从高三起，医院工会就通过聊天等形式，关心学习，传授经验，与她一起探讨如何复习迎考；高考分数公布后，为她分析报考学校及专业。这位职工的女儿拿到高校录取通知书后，深情感谢医院工会这些年对她的鼓励以及学习上的帮助。

龙华医院工会除了开展每年"冬送温暖，夏送清凉"的慰问工作外，坚持对大病困难职工的帮扶工作，让困难职工"定时有人访""惑时有人解""患病有人探"，在形式上不断完善创新，帮助他们度过人生低潮期，重燃生命的希望，病愈后回归工作岗位。

图1　工会干部上门看望职工家属

点评 COMMENT

上海龙华医院工会在坚持开展关爱职工工作的同时，落实精准帮扶措施，重点对院内患大病职工开展系列帮困救助，为患病职工雪中送炭，这项持续性的帮扶工作，让困难职工感受到工作集体的温暖，体现了工会组织的职责，促进了医院的和谐稳定发展。

上海交通大学医学院附属瑞金医院工会

打造标准化职工休息室
为医务人员提供"幸福新空间"

瑞金医院是一所拥有一百十七年历史的老医院，院内医疗楼宇不少建于 20 世纪，有 1933 年建造的内科大楼，也有 1993 年建造的外科大楼。各病区布局、休息室面积、空间格局等硬件条件各有不同，且设计时更多的空间优先用于医疗和患者，随着时间的推移，职工休息区域逐渐显得陈旧、局促。为了改善医护人员休息空间，早在 2004 年，医院就在 6 舍手术室区域，建立了医生休息室，除了桌椅外，还放置了书报架、投币式咖啡机等设施，成为上海较早拥有专属休息空间的手术室。2020 年 2 月，国务院办公厅发布了《关于改善一线医务人员工作条件切实关心医务人员身心健康的若干措施》(国办发〔2020〕4 号)，医院党政决定，要尽最大可能改善一线员工的休息场所，为医院职工提供舒适安静的休息空间。

2020 年下半年起，瑞金医院在上海医务系统率先启动"标准化员工休息室"的建设，由院工会牵头，联合资产处、基建办、后勤办等部门群策群力，组成工作小组，广泛听取临床一线需求。目前，已完成 6 舍、2 舍、3 舍共 62 间大小不同的医护休息室改建，300 平方米手术室连廊休息区的空间布局和服务升级已在实施中，成为医护人员缓解疲惫、释放压力、进行休整和再出发的"爱的能量场"。

一、五个维度,全力打造标准化员工休息室

如何在秉持降本优质的原则下,建设温馨美观的"标准化员工休息室"(图1~3),工会牵头工作小组深入临床一线,倾听医务人员的呼声。在调研的基础上,拟定了基于"硬件配置标准化""空间划分人性化""后勤服务精细化""科室文化多元化""物资利用最大化"五个维度的改建方案,为每个休息室配备直饮机、冰箱和微波炉,并根据不同空间,设计不同功能的组合柜将其收纳其中;密闭空间还专门配备空气净化器,更衣柜设计也

图1 休息室1

图2 休息室2

图3 休息室3

巧花心思，不仅使功能区独立划分还设计有气窗，大大提高了空间的整洁度和舒适度；配色则以素雅风格为主，给人宁静、安心的视觉感受。同时，每间休息室配置了科室文化墙、植物角，在有限的空间内营造温馨的人文氛围；后勤保障服务也随之升级，提供每日室内清扫和一周两次物品更换，建立服务评估制度保证服务质量，让员工的工间休息休憩有更多的空间选择。2023年3月1日，上海市总工会在瑞金医院召开"幸福新空间"上海职工工间休息室建设现场推进会，组织现场参观员工休息室，充分肯定了瑞金医院标准化员工休息室的改建方案和实施效果。

二、群策群力，不断丰富职工休息室文化内涵

广泛参与，共建共享 标准化员工休息室项目启动后，院工会牵头护理部、后勤保障处、资产管理处等多部门，与护士长、工会小组长和职工代表及临床一线医护一一商讨，听取意见，群策群力，扎实推进项目如期完成。

精益求精，追求卓越 医院邀请专业室内设计师参与休息室改建项目，从布局到材质，从色彩搭配到设备配置，数百个设计方案一一审核听取意见，设计稿不断优化，精益求精地为员工打造紧张工作之余的安静舒适的小憩空间。

节约为本，效果最优 在建设过程中，很多病区使用了很多年的橱柜、设备都保护得较好，护士长们便给工作组出"主意"——尽量节约利用，面板美化，功能优化。

别具特色，内涵丰富 在标准化的同时也呈现了个性化，整洁舒适的环境激发了医护人员的创造力和主动性，她们动手装饰自己的"家"，出了很多金点子。如浴室里巧妙设计的毛巾架、墙角放置雨伞的小篮子、设计照片墙，各具特色，呈现着温馨、有爱的气息。

点评

瑞金医院工会坚持实施员工关爱计划,在医院党委的领导下,牵头有关职能部门,成立工作小组,推进医院职工休息室的建设改造升级,在全院打造一个个标准化的职工休息室,为紧张、忙碌的医务工作者提供工间休息的舒适空间。在医疗业务迅猛发展、医务人员工作压力不断加大的背景下,此举很好回应了医务人员的现实需求和更好为患者服务的需要,促进了公立医院高质量发展,也是医院工会关爱职工、为职工办实事的具体体现。

上海市徐汇区长桥街道社区卫生服务中心工会

以"桥"为纽带　打造暖心之"屋"

桥是沟通，是联系，是传承，徐汇区长桥街道社区卫生服务中心（简称"中心"）工会以"桥"为纽带，积极打造暖心三"屋"——妈咪小屋、职工书屋和职工休息室，为职工提供全方位、多元化的服务，让职工感受到工会职工之家的温暖。

"桥爱"爱心妈咪小屋　中心工会在徐汇区卫健工作党委、卫健委和区医务工会的大力支持下，打造一间以"桥爱"命名的爱心妈咪小屋（图1），

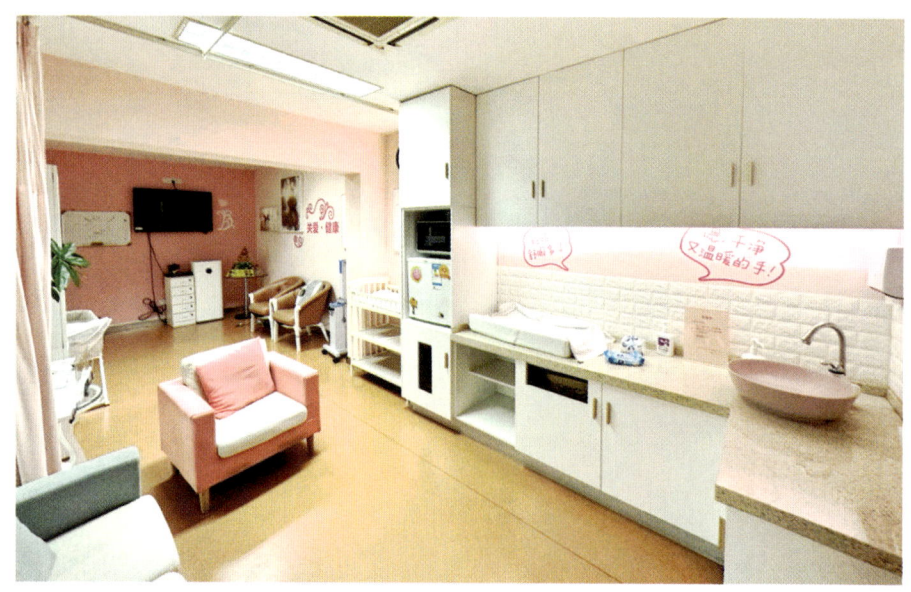

图1　温馨驿站——"桥爱"爱心妈咪小屋

为孕期、哺乳期女职工打造温馨的休息、哺乳空间。小屋以粉色基调营造柔和、温馨的视觉效果,配备了一体化环保生态板橱柜,以及沙发椅、隔断帘、尿布台、婴儿床、空调、安全呼叫设备等,还备有洗手台、洗手液,可为母婴提供冷热饮用水、吸奶器及消毒锅,实现了"一屋多用"的舒适化配置。同步建立了相应的清洁消毒制度、使用制度和安全管理制度,并专人负责严格按制度执行。小屋内张贴海报,由相关专业医护人员定期提供孕育指导、健康讲座等,可以为院外孕产妇和院内女职工提供各项服务。"桥爱"妈咪小屋不仅为妈妈们提供了更加温馨、私密、舒适、安全的哺乳场所,更是以多元化服务带去便利和贴心。2020年,"桥爱"妈咪小屋经上海市总工会评定、挂牌为"五星级爱心妈咪小屋"。

"桥艺"职工书屋 为大力推进医院文化建设,丰富医院职工文化生活,中心工会倾力打造"桥艺"职工书屋(图2),为职工提供图书资源丰富、环境温馨舒适、功能设施齐全的阅读和休息场所,展示中心工会文化

图2 文化汲取——"桥艺"职工书屋

社团"桥艺社"的"悦读修身·书香长桥"的品牌特色。书屋场地面积40平方米左右，拥有党建类、法律知识类、医学类、小说类、文学类、自然科学类、教育教学类等2 500余册图书资料以及多种报刊，满足职工多方面的阅读需求和爱好。职工书屋充分发挥文化服务功能，定期组织职工开展多种形式的文化活动，如读书分享会、党小组学习分享会等活动，为职工提供健康向上、丰富多彩的精神文化生活。2020年度，"桥艺"职工书屋被列为徐汇区职工书屋示范点。

"桥馨"职工休息室　为缓解职工工作之余的身心疲劳，中心工会将有限的空间进行整合，设置"桥馨"职工休息室（图3），并与"桥艺"职工书屋融合，分为"动""静"两区域。"静"区设在2 500余册杂志书"海"之中，供职工在休息之余安静地阅读养身；"动"区与"静"区相对，设有可调节办公椅、腰背按摩器、咖啡机、微波炉、香薰机等设备，同时配备电脑两台，提供文献查阅、电影观赏等服务。所有的设施设备两区都可共享。"一屋两区"由中心工会和团支部共同管理，每周一到周五中午

图3　休闲港湾———"桥馨"职工休息室

12:00—13:20面向中心全体职工开放。职工在这段时间里,能够阅读书籍、休闲上网、按摩缓解疲劳。中心工会不断在布局、设施、管理和服务上进行优化调整,开发小屋的功能,用心打造一间集休闲、休憩、修身于一体的职工休息室,让职工在每一间小屋里都能放松身心、享受当下、心生愉悦。

> **点评 COMMENT**
>
> 徐汇区长桥街道社区卫生服务中心工会开展三"屋"建设,因地制宜,在有限的空间里,为职工打造了工作之余阅读学习、休息休闲的舒适场所。小屋虽小,却凝聚大爱,工会关爱服务职工,树立中心工会以"桥"为媒、代表联系职工、服务职工的品牌特色,提升了职工的满意度和幸福感。

上海市杨浦区医务工会

齐心协力抓落实　打造舒适温馨的职工休息空间

2023年3月，上海市总工会、上海市卫健委、上海市医务工会先后下发有关文件通知，要求医疗卫生单位开展职工休息室建设和改善工作，为医务职工工作之余创建舒适、整洁的休息环境。杨浦区医务工会认真贯彻这一要求，在区卫生健康党委和上级工会的领导支持下，各基层工会努力挖掘资源，克服医疗用房紧张和经费不足的困难，扎实推进落实，不断提升职工休息室标准化建设水平，为广大医务职工打造温馨舒适的工间休息空间，取得了良好成果。全系统25家医疗卫生单位共建成23间职工休息室，按标准配备设施，并顺利完成创建全市职工休息室6个样板间的任务。

一、加强调查研究，形成问题清单

根据上海市总工会《关于开展2023年本市医疗卫生单位职工休息室建设与改善工作的通知》要求，杨浦区医务工会将职工休息室建设和改善工作作为主题教育的调研课题，深入各基层单位开展调研30余次，座谈、访谈300余人次，在调研中共吸收采纳一线医务人员意见34条，梳理形成问题清单5个，形成有效整改措施5条，做到问政于民、问需于民、问计于民，切实将调研成果转化为推动职工休息室建设的决策和举措。

二、加强组织领导，细化工作方案

杨浦区医务工会组织召开系统职工休息室建设推进会，部署专项工作方案，确立建设30个职工休息室的目标。以每个休息室建设补助5 000元的标准下拨15万元专项经费，各基层工会按要求成立以分管领导为组长，工会、后勤和相关科室等部门为组员的工作小组，制订专门工作方案，对标下发的医务职工休息室建设标准，按照规定时间节点，有序推进相关工作，做到迅速响应，快速落实。在医疗用房资源较为紧张的情况下，想方设法腾挪空间，优化选址，精心设计，努力改善职工休息环境。如杨浦区中心医院优化改造了血透室职工休息室"肾斗士驿站"（图1），并为休息室添置了跑步机、动感单车、不锈钢排椅、文化墙装饰贴、咖啡机、微波炉、小冰箱等，较好改善了休息室的环境。

图1 杨浦区中心医院血透室休息室"肾斗士驿站"

三、加强工作指导，合力抓好落实

区医务工会对照上海市总工会创建要求和标准，明确工作考核指标体系，对标对表，督促指导各单位推进实施。定期召开调研座谈会，及时研究解决各单位职工休息室建设中遇到的问题。各基层工会充分发挥主观能动作用，充分挖掘整合资源，科学合理利用空间，精心设计改进布局，积极推进职工休息室建设。如延吉社区卫生服务中心单独划拨100平方米作为职工休息室，休息室分为职工休息区（配有图书、棋牌等）、职工健身区（瑜伽、健身操等）两个功能区域，为职工休息室取名悠然之"+"（图2），获得了职工的广泛认可。

图2 延吉社区卫生服务中心职工休息室悠然之"+"阅读休息区

四、加强评估升级，巩固建设成果

在职工休息室建设目标基本完成之际，为总结经验和巩固成果，杨浦区医务工会组织开展考核评估工作。结合各单位建设情况，开展评审，将职工休息室分为ABC三档，并设置经费补贴标准，其中A档补贴5 000元/间；B档补贴3 000元/间；C档补贴2 000元/间。评审结束后，再次投入10万元经费，并依据每间休息室评审等级对应的补贴额度下拨至各单位工会，深化和巩固建设成果。

杨浦区卫健系统基层工会，在职工休息室建设上因地制宜、结合职工所需所盼量身定制，尽可能满足职工多元需求，取得了一定工作成效，获得了广大职工一致好评。如杨浦区市东医院职工休息室"云间胜镜"麻雀虽小，五脏俱全（图3）。在一间不大的休息室内，划分了工作、生活、休息、放松等区域，并因地制宜配备基本的设施设备，室内设计简洁大方，环境整洁性和美观度相融合，整体提升了职工的体验感。通过职工休息室建设，切实改善了医务职工工作生活环境，为广大医务职工办了一件好事实事，得到了职工的肯定，提升了职工获得感、幸福感，为杨浦卫生健康事业高质量发展增添了动力。

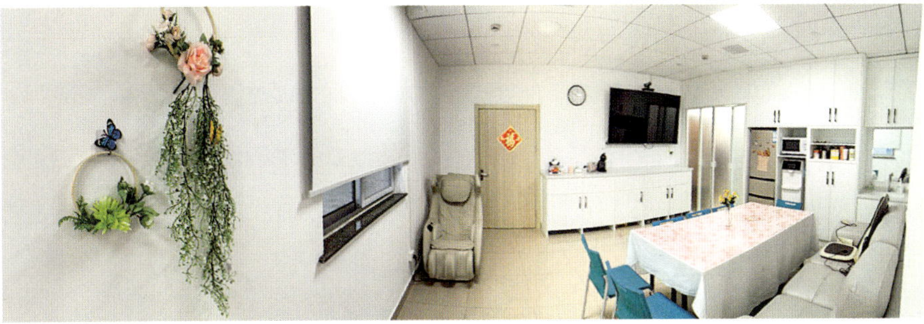

图3 市东医院职工休息室"云间胜镜"

点评 COMMENT

杨浦区医务工会深入学习贯彻党的二十大关于"要着力解决好人民群众急难愁盼问题"的指示精神，进一步加大关心关爱医务人员的工作力度，在医院党政的支持下，克服医疗用房资源和工会经费紧张的情况，想方设法挖掘资源、腾挪空间，配备设施，为医务职工创造舒适、温馨的休息空间，改善他们的工作环境，这些实实在在的举措，提升了医务职工的获得感和幸福感，体现了工会服务职工、维护职工利益的积极作为。

上海市嘉定区医务工会

打造幸福新空间　展现工会新作为
——嘉定区医务职工休息室建设改善工作取得实效

继 2023 年 3 月 1 日上海市总工会召开"上海医务职工休息室建设改善现场推进会"之后，嘉定区医务工会立即响应，于 3 月初正式启动医务职工休息室建设改善工作。区医务工会稳步落实、扎实推进，将此作为工会关爱职工的实事项目来落实。在嘉定区卫生健康委党政领导的支持下，区医务工会及时召开专题会议，部署职工休息室建设改善工作。同时，将该项工作纳入基层工会绩效考评体系，经广泛发动，首批有 14 个职工休息室申报开展建设改善工作。

一、广泛宣传发动，全力支持帮助

职工休息室建设改善工作得到各级党政领导和基层工会组织的重视。各医疗单位积极挖掘潜力，制定计划，细化举措，落实要求。例如：区中心医院将休息室建设纳入医院二期规划，建立领导小组和工作小组，制订工作方案，落实责任科室，并设专项资金予以支持。

区医务工会做好帮助服务指导，一是在指导落实上帮一把——对建设单位精确分类、精准施策、精细指导，发现问题及时督促整改，督促全部申报单位在 8 月底前完成建设改善工作。二是在经费投入上助一把——通过工会经费自助、行政经费资助、上级经费补助"三位一体"的模式解决经费问题。对于每个建成的休息室，嘉定区总工会和嘉定区医务工会分别给予5 000元的补助。三是在内涵建设上推一把——嘉定区医务工会联合嘉定区体育局和第三方组织将活力尊巴、肩颈护理、鼓圈、阿卡贝拉等科学健身和音乐疗愈课程引入职工休息室，既丰富休息室的功能，也让这一服务阵地更多更好地融入职工的生活。

二、严格标准，打造职工喜爱的休息娱乐空间

经几个月的努力，14家医疗单位职工休息室全部建成。这些休息室严格按照上海市总工会统一的建设标准，体现了高标准建设、多功能融合、公私域分明等特点。例如：迎园医院改造建成的"瀛依之家"总面积50平方米，分健身、交流、休息三个区域，健身器材、电器一应俱全（图1）；

图1　嘉定区迎园医院"瀛依之家"新旧对比照（上新下旧）

另单辟一个 6 平方米的独立单间供有需要的职工使用,室内家具配置齐全,让职工各得所需,在功能设置上凸显实用性,确保室尽其用。14 间休息室各自定位不同,风格均自成一体,有简约实用的,也有古朴典雅的,充分展现了"一室一品"的建设特点;每间休息室都有一个叫得响、记得住的名字,如"练祁雅座""菊憩小筑""瀛依之家"等,彰显了每间休息室的个性与特色。

三、完善服务管理,发挥阵地作用

职工休息室建成后,各单位同步建立了休息室使用管理、设备维护、清洁消毒等工作制度,并落实专人负责(图 2),避免出现建而不管、自生自灭的情况,确保休息室有序安全运行,发挥其应有作用。

图 2 职工爱护休息室内的一草一木

各单位多方位引入服务项目,提升阵地服务能级。例如:徐行镇社区卫生服务中心的"温馨驿站"将非物质文化遗产徐行草编融入其中,让职工在休息放松之余学习黄草编织技艺(图 3),休息室也变得更接地气、更汇人气。

图3 非遗传人王勤正在指导医务职工手编草包

职工休息室这方幸福空间是工会团结职工、凝聚职工的又一服务平台。在职工休息室,职工可以自主地在工作之余休息放松,可独享一个人的静谧,也可三五成群交流。一系列的建设改造措施为职工营造了良好的休息环境,参与的职工以实际行动践行健康工作和科学休息理念。建设改善的14个休息室全部被命名为"2023年上海医务职工休息室"。

> **点评 COMMENT**
>
> 嘉定区医务工会积极落实上海市总工会关于开展医务职工休息室建设改善的实事项目,广泛发动,稳步推进,首批14个职工休息室全部按照标准完成建设,并被命名为"2023年上海医务职工休息室"。此举不仅为丰富职工文化生活、缓解职工工作压力发挥了作用,也提升了职工的工作满意度和幸福感。

05 EXPERIENCE 实践

促进医务人员身心健康

上海市第一人民医院工会

全方位为职工健康保驾护航

——市一医院落实职工健康保障工程

上海市第一人民医院工会将落实职工健康保障工程列入医院年度实事项目，自2019年起，以完善职工健康体检和重大疾病筛查为抓手，加大对职工健康保障的投入，发挥资源和专业的优势，多角度全方位为职工健康保驾护航。医院坚持以职工为本，落小落细送关爱，职工的获得感和满意度不断得到提高。

一、完善职工健康体检项目

市一医院工会在走访调研中了解到，一线职工对个人身心健康的关注和需求比较集中，经听取意见和可行性分析，决定将逐步完善体检项目、开展重大疾病筛查，列入医院年度实事。自2019年起，在原有职工体检套餐的基础上，每年新增体检项目，先后增加了包括胸部CT、PSA、颈动脉B超、甲状腺全套等检查和检验项目；同时为全院35岁以上职工免费开展心脑血管疾病、胃肠道疾病、妇科和乳腺疾病以及甲状腺疾病的筛查，通过心脏血管CTA，头颅MRI+MRA检查，乳房彩超、钼靶检查，无痛胃肠镜检查，TCT和HPV检测，骨密度检测等检查项目，使得职工体检中发现的一些疾病及时得到了干预和治疗，重大疾病得到了早发现、早诊断、早干预、早治疗，促进了职工的整体健康水平，保障了职工的身体健康和生命安全，也减轻了职工的家庭负担。

二、实施职工心理健康服务

近年来尤其是疫情防控期间，医务人员的工作负荷加大、工作压力陡增，市一医院工会将心理关怀列入职工健康保障工程的重要内容。成立心理疏导组，多渠道多形式做好职工的心理关怀。通过部门工会了解医务人员思想情绪和困难诉求，针对不同人群制定个性化工作方案和心理疏导工作预案，借助专业优势，为职工提供心理健康服务。设计发布"医务及工作人员心理咽拭子"，摸排一线医务工作者压力水平，并根据摸排结果，及时制定干预举措。医院的"公济暖阳心理社"每月定期开设"医护关爱——巴林特小组""情绪问题识别与应对"等线上线下培训辅导课程，增强职工的心理健康意识和自我调节能力，帮助职工缓解心理压力提高工作积极性和生活质量。

三、为职工提供高品质健康服务

市一医院工会从实际出发，把职工对各临床专科的需求与医院学科发展结合起来，发挥资源优势，满足职工需求，保障职工健康，提升生活品质。先后与皮肤科、眼科、康复医疗科等临床科室合作，开展优惠医美服务、飞秒手术和盆底肌生物反馈治疗等项目，受到职工的欢迎，职工的获得感和满意度不断得到提升。

四、优化保险保障，为职工健康保驾护航

市一医院工会与上海人寿、泰康人寿等保险公司合作，为全院职工提供多样化的保险保障，包括意外险、重疾险、医护特定意外伤害险、医患纠纷意外伤害险以及女性特定疾病（乳腺癌、妇科恶性肿瘤等）专属保险。2020—2022年疫情防控期间为全院职工免费提供新冠肺炎责任保险，降风险、缓压力，为职工的身心健康提供了重要的保障和支持。

自 2019 年以来，市第一人民医院职工通过体检筛查发现的肿瘤疾病在所有病例中占比高达 42%，其中 37% 为原位癌（图 1），这一数据充分说明，完善职工健康体检对于重大疾病的早发现、早预防和早治疗的重要意义。2019 年至 2023 年，共有 5 000 余人次获得保险理赔，总金额约为 288.99 万余元，最高单笔赔付金额高达 16 万元。近千余名职工享受了医美、飞秒等服务。这些数据，充分体现了职工健康保障项目的积极效果和实际效益。

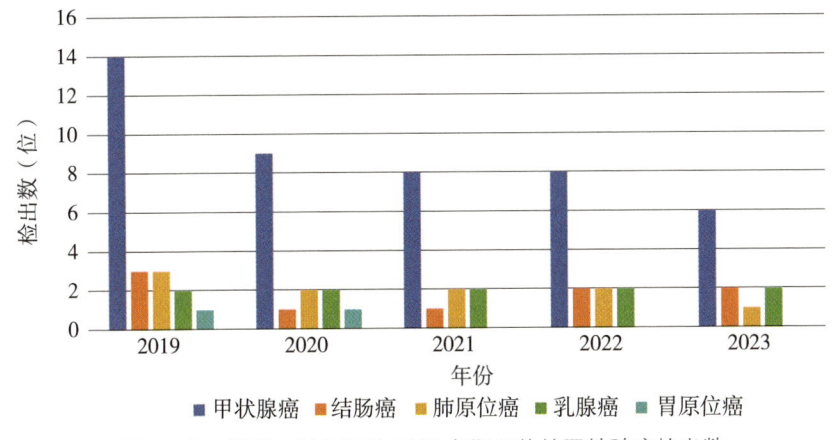

图 1　市一医院 2019 年至 2023 年职工体检恶性肿瘤检出数

> **点评 COMMENT**
>
> 关心关爱医务人员的身心健康，对于全面推进健康中国建设、更好满足人民日益增长的美好生活需要具有重要意义。作为人群生命健康的守护者，医院职工的身心健康不仅关系到这一群体本身，更是影响其工作状态和医疗服务质量的重要因素。市一医院工会在推进职工健康保障工程中，注重倾听职工心声，落细落实送关爱，保驾护航守健康，为职工提供了全方位、全周期的健康保障服务，得到了职工的充分肯定和好评。

上海市保健医疗中心工会

多元化健康服务　打造职工健康促进"生态圈"

上海市保健医疗中心工会坚持以职工健康为中心的服务理念，助力推进中心建设，扎实开展职工健康促进工作，打造集智慧医疗（健康评估指标体系）、健康管理（个性化慢病管理体系）、"医康养"融合（中医、康复、治未病防治体系）、健康科普（科普教育传播体系）、工会特色（健康服务保障体系）五位一体的职工健康促进"生态圈"，为职工提供有效的健康服务，进一步提升职工幸福感，促进高质量发展。

一、突出健康特点：植入多元化健康服务功能

上海市保健医疗中心具有医疗保健服务的专业优势，工会会同医务处、老年病科、健康教育、健康管理、检验科等部门，协同多学科建立职工健康促进服务机制，将传统的健康医疗模式与创新型智慧化服务模式相结合，推动优质医疗资源下沉，为职工提供便捷、优质的医疗服务，打通职工自主健康管理的"最后一公里"。以智慧医疗（健康评估指标体系）、健康管理（个性化慢病管理体系）、"医康养"融合（中医、康复、治未病防治体系）、健康科普（科普教育传播体系）、工会特色（健康服务保障体系）这五个服务体系为方向，植入多元化健康服务，打造职工健康促进"生态圈"。优化配置职工健康资源，借助中心健康信息大数据，建立职工健康数据模型，为医务职工个性化健康管理提供科学数据支持。对高风险岗位突发病患及职业禁忌证作出智能预警与快速反应，提高职工对个人健康的自

我认知与健康问题的自我管理，明确健康监测是健康管理的基础，健康评估是健康管理手段，健康干预是健康管理的关键，健康促进是健康管理的目的，全面践行"病前主动防、病后科学管、跟踪服务不间断"的健康管理理念（图1）。

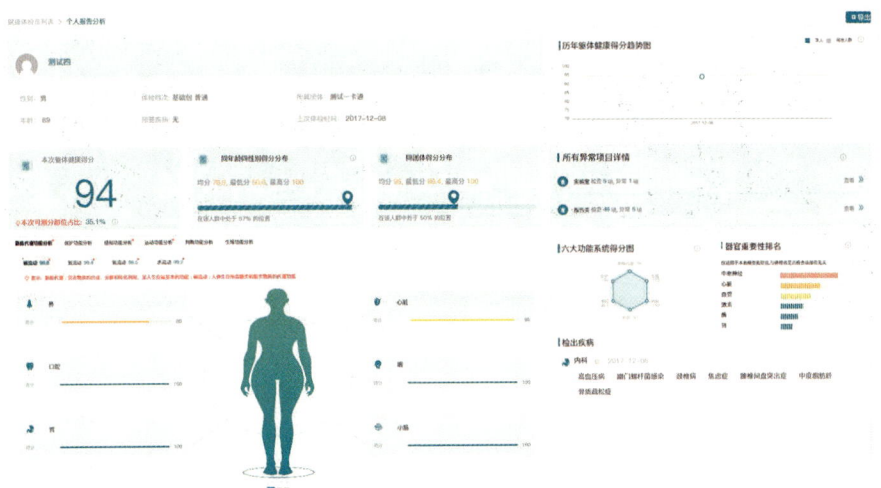

图1 "健康指数"职工健康评估系统

二、注重作用发挥：开展多样化健康文化活动

中心工会精准对接职工需求，有针对性地开展各类健康文化服务。联合科教处、健康教育科等加大健康宣教力度和覆盖面，有效开展分层次、有侧重的各类健康教育活动，让职工更了解健康知识，更注重健康生活。依托工会的文体活动基地、职工健康办公室样板间、职工健康休息室、十佳健康食堂、十佳职工健康角等载体开展各类职工文体养生服务活动，让职工锻炼身体，有效减轻工作压力、放松心情；开设心理保健讲座、瑜伽疗愈解压课程等保健文化服务活动，为职工"零距离"提供健康服务，成为职工身心健康"加油站"，不断提升职工健康水平（图2～3）。

图2 职工冬季趣味运动会

图3 职工健康保健课

三、聚焦职工需求：打造品牌化健康服务项目

关注特殊科室岗位，开展颈椎病、腰椎病的预防和康复指导服务工作；加强放射性等医务职工的职业防护，做好刺激性伤害的防护等，减少慢性伤害，针对工作性质、环境等的不同，制定相关人群的健康保护制度措施，不断强化健康指导的针对性。满足职工自我保健需要，让职工更好地拥有健康、促进健康，降低疾病，减少医疗支出。

建立职工健康促进"生态圈"，旨在通过职工健康促进工作，实现从被动的疾病控制到主动的预防保健。2019年工会开展"'五位一体'医务职工健康促进服务模式探讨"、2020年开展"职工小家对医务职工健康促进因素及对策的研究"、2023年开展"工会提升医务职工健康促进工作的策略研究"等研究，从理论和实践的结合上，探索了职工健康促进工作。工会曾获"全国总工会模范职工之家""上海市先进职工之家"，上海市医务职工"文体活动养生保健基地"，拥有"全总职工书屋""五星级爱心妈咪小屋"等多个工会服务项目，2018年"呵护职工健康，共建和谐家园"职工健康管理项目获"上海市医务工会服务职工优秀实事项目"。借助中心的专业优势，工会打造了以健康服务为特色的关爱服务职工的品牌项目。

> **点评 COMMENT**
>
> 上海市保健医疗中心是医疗保健康复基地，中心72年来始终坚持"医养结合"的理念，在健康保健服务上有着丰富的经验。中心工会借助健康保健资源优势，开展融健康文化、健康管理、健康促进为一体的健康管理模式，为职工提供全方位的健康服务，贴近了职工的需求，提高了职工的幸福感和获得感，这是中心工会关爱服务职工，为职工办实事、谋福利的切实举措。

上海市儿童医院工会

实施健康促进计划　增进职工健康福祉

一线医务人员普遍面临高强度、高负荷、高压力的工作环境,职业健康状况较为严峻,其中儿科医务人员因其服务对象的特殊性,健康问题更加突出。关爱职工、为职工创造有利于身心健康的良好工作环境是医院文化的重要组成部分。2019年,上海市儿童医院成立员工健康促进工作小组,由党委书记任组长,工会主席任副组长,工会、医务部、护理部、保障部、社工部、健康管理部、妇委会、团委等职能部门共同参与,探索建立以生理健康、心理健康和社会支持系统三个维度为支撑的职工健康促进模式,通过实施健康促进计划形成长效机制,逐步解决职工主要健康问题,培育积极健康的职业心态,提高工作绩效和满意度,增强凝聚力,提升医院核心竞争力。

一、关注职工身体健康

举办健康减重训练营　通过两个月18次线下活动,65天线上打卡;32名职工参加,其中27人完成了减重目标;运动打卡2 290次,饮食打卡5 618次,共计减重83.85公斤;15人身体素质提高20项(图1)。

组建运动社团　组建瑜伽社团、舞蹈社团、足球社团、篮球社团、乒乓球社团、羽毛球社团(图2)、跑步社团等七大运动社团,参加社员共计720人。每个社团每年开展不低于20次的线下活动,每年有5 600余人次参加社团活动,激发了职工运动的热情。

图 1　健康减重训练营营员合影

图 2　羽毛球社团友谊赛运动员合影

打造健康食堂　院工会联合保障部共同推行健康食堂项目，定期对食堂管理和从业人员开展营养、平衡膳食和食品安全相关培训。在保证食品安全的基础上，提供符合营养学的饮食搭配，改善职工的饮食习惯和饮食思维，2019年儿童医院食堂荣获上海市卫健行业"十佳健康食堂"（图3）。

图3　开展健康知识竞赛

组织职工健康体检　医院每年定期组织职工健康体检、女性妇科体检。针对更年期女性，院妇委会开展激素水平检查和更年期讲座，帮助女职工对更年期的到来有更好的心理准备。

举办职工运动会　医院每年组织一次全院职工运动会，同时结合上海市医务工会的活动，开展健步走、八段锦、定向赛等运动类比赛活动，通过运动竞赛的形式激发职工运动热情，保持良好的身体健康状况。

二、开展心理健康服务

开展心理健康调研和讲座　疫情防控期间，工会及时通过各类心理量表对职工开展心理测量，全院职工心理筛查980人次，邀请上海市精神卫生中心专家为医院职工提供专业的心理健康讲座和辅导服务，开展心理健康知识竞赛。

开展个案辅导　对于有明显心理咨询需求的职工，以及在疫情中援外的医疗队和两院区门急诊等重点岗位，邀请专业精神科医师，为他们提供个案咨询和疏导，及时解决职工心理问题。

开展定制化团体辅导　在全院63个工会小组开展了"医务职工心理关爱进科室活动需求调研"，根据科室、职工个人需求，开展巴林特小组（图4）、正念减压、芳香疗愈等专业心理团体辅导活动。共计开展心理健康团体辅导18次，有540人次参加。

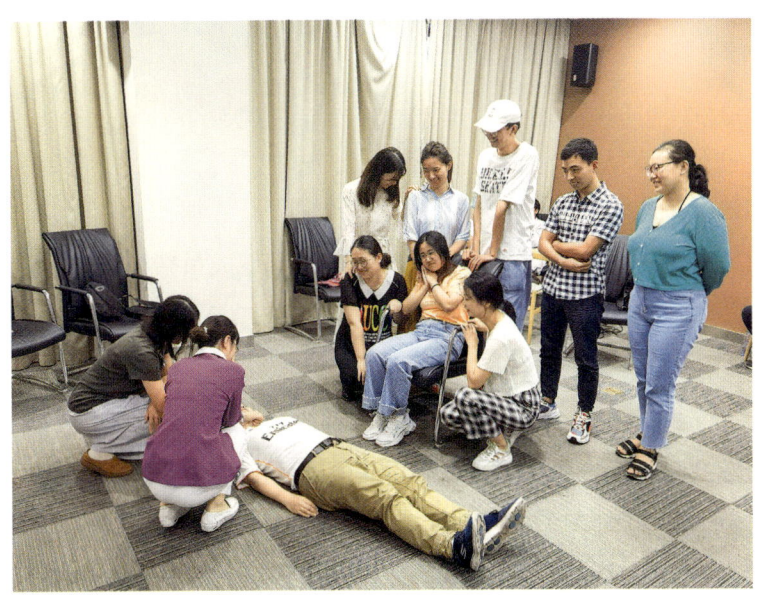

图4　开展巴林特小组活动

关注"四期"女职工 妇委会组织备孕期、孕期、哺乳期女职工组建"妈咪宝贝帮"互助群,帮助特殊时期的女职工进行同辈互助,育儿经验分享,链接各方资源,缓解育儿焦虑。近四年共服务特殊时期女职工213人(图5)。

图5 建设"童馨"爱心妈咪小屋

组建员工关爱师队伍 工会通过在两院区张贴海报、易拉宝,以及微信、卡片等多种形式招募员工关爱师15名。组织成员参加市医务工会组织的EAP培训,开展心理疾病的预防和识别培训。

三、完善社会支持系统

打造"健康促进月"系列活动 院工会连续五年开展"健康促进月"系列活动。有健康知识普及行动、心理健康促进行动、女职工关爱行动、全民健身行动、合理膳食行动等。通过健康知识竞赛、讲座等多元化的健康促进项目,向医务职工提供心理支持,组建疾病和亚健康状态的健康自我管理小组和健康社团，持续开展职工健康体检，并做好后续干预工作。

扩展职工运动休闲场所　一是配备专用空间，完善设施，成功创建四星级"爱心妈咪小屋"；二是在临床中心、中心实验室、手术室、血液科等科室搭建职工健康休息室，配备健身器材、按摩椅、咖啡机、绿植等设施，为职工提供运动休闲场所。

开通职工及子女就医支持通道　工会联合多部门开展职工子女就诊便捷服务，累计已为2 105名职工及子女办理。同时依托儿基会开办暑托班，多次开展"医二代"职业体验活动等亲子活动。

职工及家属意外伤害赠险活动　院工会携手泰康公司为医务职工提供免费赠险活动，包含职工出行交通意外保障以及医护卫士两款项目。

职工健康法律维权保障　在发生医患冲突并造成员工伤害时，医院保卫部、人力资源部等部门积极为员工开展验伤、申请工伤等维权服务，并根据案情需要及时请医院常年法律顾问为员工进行法律援助。

实施职工健康促进计划取得了良好的成效。职工慢性病人数有所下降，健康素养得到提升。在一份面向700名职工的需求调研中，近500名职工首选"健康促进项目"，希望作为医院服务职工的实事项目持续开展。

> **点评 COMMENT**
>
> 　　上海市儿童医院工会自2019年实施"职工健康促进计划"，从职工的生理健康、心理健康和社会支持系统三个维度，搭建"职工健康促进体系"，推动职工共同参与健康促进行动，取得了明显的成效。他们的做法说明，工作场所是开展健康活动最具成本效益的地方，开展职工健康促进活动，对于培育积极健康的职业心态、缓解工作压力、提升职工的健康意识和健康水平、提升医院的凝聚力和竞争力，具有积极的作用。

上海市第十人民医院工会

音乐治疗为急诊医务人员舒缓减压

急诊科室是一个集中处理危重患者的全范围诊治与护理区域，是面对急危重症患者的第一道防线。急诊收治的患者一般病情危重复杂，抢救任务重、技术要求高、工作规律性差，医务人员常处于应激状态，身心疲惫，容易出现抑郁焦虑等负性心理。

现代科学研究和许多实验证明，音乐治疗对抑郁、焦虑等具有预防和辅助治疗作用，可有效预防和缓解抑郁症状，减轻焦虑程度。也有大量的相关研究证明，音乐治疗可缓解医护人员职业倦怠和心理压力，促进医护人员的身心健康。

上海市第十人民医院（简称"十院"）在音乐治疗领域的探索始于2015年，先后与上海大学音乐学院、上海音乐学院组建"音乐治疗联合工作室"，组建由临床医护人员、音乐治疗师、心理治疗师、医务社工等组成的跨学科合作治疗团队，并聘请国际著名音乐治疗专家担任音乐治疗室顾问。十院音乐治疗团队成员先后赴德国、奥地利、俄罗斯、匈牙利等国家的医疗机构交流学习音乐治疗临床经验，深入临床服务医务人员和患者，为患者生命护航，为医护舒缓减压。

2023年，根据十院急诊医护人员提出的心理关爱需求，工会、社工部联合精神心理科针对院内急诊医护人员的心理状况进行了调研，共发放170份纸质问卷，实际回收168份，并对急诊科部分医护人员进行了一对一的访谈。调研结果显示，在参与调查的医护人员中，超过三分之一可能存在创伤应激症状，约70%可能存在焦虑和抑郁症状，22%存在睡眠困扰。在数据分析和需求调研的基础上，十院跨学科音乐治疗团队采用团队介入式音乐治疗的干预方法来改善急诊科室医护人员的心理健康状态。

根据急诊科医护人员的需求和意愿，对自愿报名的十余位急诊医护人员提供了个体和小组团体音乐治疗干预，共计四次，每次60分钟（图1）。干预形式包括接受式音乐治疗和主动式音乐治疗。

图1 急诊医护人员音乐治疗小组活动

干预内容包括背景介绍、身体律动、音乐肌肉渐进放松、治疗性鼓乐、音乐引导想象、"我是指挥家"、"跟着音符找朋友"、主题歌曲创编等。参与者表示在小组中感到非常放松和愉悦，学到了自我感受与表达、自我调控情绪的方法等技巧，与组内一同参与小组活动的同事建立了良好的互相支持的关系和氛围，有效改善了心理健康状态（图2）。

图 2 关爱夜班护士音乐治疗活动

团队在音乐治疗开展前后,分别对参与的医护人员进行了前测和后测,测量问卷包含创伤或压力性事件的感受量表(PCL-5)、焦虑与抑郁情况量表(GAD-7 和 PHQ-9)和睡眠与精力状况量表(匹兹堡睡眠质量量表)。如表 1 所示,参与音乐治疗的医护人员创伤或压力性事件感受分数平均降低 9 分,由 14.5 分降低至 5.5 分。焦虑分数平均降低 1 分,抑郁分数平均降低 2.83 分,睡眠状况分数平均降低 1.63 分。前后测结果表明音乐治疗的干预方式对临床一线医护人员的心理状态具有改善作用,可以及早干预与预防恶化,促进她们的良性情绪和身心平衡。医院可以通过音乐治疗人文

表 1 治疗前后测对比数据量表   单位:分

	创伤或压力性事件感受	焦虑	抑郁	睡眠
前测	14.5	4.3	5	5.8
后测	5.5	3.3	2.17	4.17

关怀活动，帮助医护人员找到新的途径释放负性情绪，激发工作动力，增强团队凝聚力，可以使医护人员以更好的状态投身医疗事业的建设与发展。

十院工会积极推进关心关爱医护人员系列服务工作，提升了院内对急诊科医护人员的关心关爱氛围，音乐治疗的探索为医务人员的心理关怀积累了经验，医院将以此干预模式为借鉴扩大服务范围，面向医院手术室、急诊科室、青年员工、工勤人员、窗口一线人员、其他岗位等高风险、高压力岗位的员工，逐步开展人文关怀关爱系列活动，帮助医护人员缓解职业倦怠和负性情绪，在互动中体验团体凝聚力和获得内在动力。

> **点评 COMMENT**
>
> 医护人员，尤其是临床一线的医护人员是心理亚健康状态的易感人群，上海市第十人民医院为临床一线的急诊医护人员提供音乐治疗干预服务，是关心关爱医护人员的一次很好的探索和尝试。实践证明，音乐治疗对于帮助医护人员缓解身心压力，化解抑郁、焦虑、倦怠等情绪，营造和谐温馨的工作环境具有积极的作用。关心关爱医护人员是卫生健康事业发展的要求，通过多种途径为一线医务人员提供关爱服务，推动全社会营造关心关爱医护人员的氛围，提升医护人员获得感和被支持感，是卫生健康系统工会工作的重要职责。

上海市健康促进中心工会

开展职工心理健康管理
构建积极向上的工作氛围

上海市卫生健康公益咨询服务中心（简称"卫生热线"）是上海市卫生健康委员会的窗口单位；是上海市12345市民服务热线卫生专线，承担公众对卫生健康行业各类诉求的应答、处置职责；是连接公众与政府的重要渠道。关心关爱热线咨询员的身心健康，对于展示上海卫生健康行业的服务形象、更好回应市民的医疗健康需求，具有重要意义。上海市健康促进中心工会和热线管理部门加强对热线咨询员身心健康的管理，2018年立项"上海市卫生健康公益咨询服务中心咨询员心理健康管理"（简称"EAP"）项目。实施六年来，取得了良好效果。

一、加强调研，了解热线咨询员的现状与需求

近年来，公众对卫生健康行业要求逐步提高，诉求逐年增加，卫生热线工作增量显著。在工作量成倍增长而人员未有增多的情况下，咨询员工作压力日益加大，直接或间接导致职工离职意愿增强、工作错误增多、工作现场气氛沉抑、工作人员病休增加等问题。因此，构建积极向上的工作氛围，改善职工的身心健康状况，显得尤为重要。在实施EAP心理健康管理项目的前期，工会开展了深入的调研，了解咨询员心理健康现状，采用焦虑自评问卷、抑郁自评问卷测评，小组访谈、重点人员访谈等方式对咨询员心理健康整体水平了以评估。根据评估设计相关课程，并制定项目实

施阶段性目标。前期，要保证对课程的兴趣和黏性，提高课程的参与度；实施过程中，要实事求是解决工作中的一些现实问题，如"要解决咨询员换班重叠时间人员浮动问题"等；后期要"引导咨询员创造欲释放，增强团队凝聚力"，并在项目中有所得，能力有所增长。

二、实事求是，有针对性地开发课程

根据调研和对咨询员的心理评估，针对他们"工作重复度高且创造性低""情绪波动性大且情感耗竭水平高""久坐带来的腰背疼痛和疲劳感强"三个特点设计相关课程。开展手工制作、绘画等课程以释放职工创造欲（图1）；开设书法、乐器、合唱、团体辅导、冥想、个人心理咨询和讲座等课程以调适职工情绪（图2）；开设瑜伽、拳击操、舞蹈等课程以帮助咨询员进行适当的身体运动以缓解其腰背痛（图3）。卫生热线已经建立周

图1 咨询员参加绘画、手工课程

图2 咨询员参加心理健康、书法、尤克里里等讲座和课程

一、周三下午EAP项目的工作习惯,咨询员对该项目的用户黏性已经形成。职工主动参与课程设计、积极参与课程,项目良性发展态势明显。

三、重视思想引领,发挥党团员模范带头作用,构建积极向上的集体氛围

热线咨询员团队作为卫生健康行业的窗口,工作中需要讲政治、讲纪律。通过课程设计,将党团员的模范带头作用和团队领导职责在活动中体现出来,将EAP课程活动与党团参观活动结合,形成党、团员引领的职场氛围,并在2020年初提出"一名党员一面旗"的热线工作号召,引导优秀职工自觉发挥模范带头作用。

目前,EAP项目已开展六期,取得良好效果。咨询员"非提升性离职率"、职工体检心身疾病检出率、咨询员应答市民诉求情绪问题发生率等均

图3 咨询员参加舞蹈、拳操等课程

降至0,团队凝聚力显著增强、战斗力得到提升。2020—2023年疫情防控期间,热线咨询员团队成员主动承担各项常规和应急任务;派出多名咨询员高质量完成上海市卫健委信访保障、进博会保障等工作;先后荣获"上海市工人先锋号"称号、上海市卫生系统"三八红旗集体"、上海市"巾帼文明岗"、上海市"三八红旗集体"、上海市"信访先进集体"等荣誉。

点评 COMMENT

上海市卫生健康公益咨询服务中心"咨询员心理健康管理项目",遵循EAP工作基本原理,从咨询员工作实际出发,开展相关课程设计;强化政治思想引领,发挥党团员的模范作用,构建积极向上的工作氛围,"润物细无声"地改善了职工的身心健康状况,调整了整体的工作氛围,促进了团队凝聚力战斗力的增强,取得了良好的成果。

上海交通大学医学院附属新华医院工会

改善心理韧性　助力心理成长
——新华医院工会开展"心成长"青年护士心理韧性发展研究

心理韧性，也称为心理弹性、抗逆力和复原力，是指个体在面临创伤、逆境、挫折或其他负性事件时积极适应的过程，或是指个体在逆境状态下的恢复能力。青年护士是医疗卫生行业的重要力量，然而在日常工作中，青年护士心理韧性和自我效能感均低于护士普遍水平。他们大多面临工作强度大、临床实践经验缺乏、适应不良等困境，非常需要在有效的同辈交往中拓展人际关系、学习他人经验、改善情绪管理、提高沟通能力。基于以上背景，上海交通大学医学院附属新华医院（简称"新华医院"）工会承接了上海市医务工会2023年理论研究重点课题"青年护士心理韧性影响因素及干预机制研究"（2023YGL16），由院工会牵头，在专业社会工作师的参与下，成立"心成长"青年护士心理韧性同辈成长小组，通过专业工作小组的干预提升青年护士心理韧性，提升心理健康水平，使其能够更有效地应对压力。

本案例于2023年7月20日召开了项目说明会并启动招募。共招募到13名组员，分为A、B两组，分别于8月1日和8月8日开始了第一次小组活动。小组活动共8节课，每节课90分钟，考虑到组员的时间安排方便，隔周开展一次，每次开展2节课。工作团队共3人，包括2名社会工作师，负责干预计划制定和实施；1名护理干事，负责活动的宣传、招募和评估。

本案例在设计服务活动时借鉴了库普弗（Kumpfer）心理韧性模型中的四个心理韧性发展步骤：觉知、重塑、改变环境、主动应用四个步骤，从工作中的挑战出发，重点针对适应不良的现象，重视个体和环境间的交互（图1）。

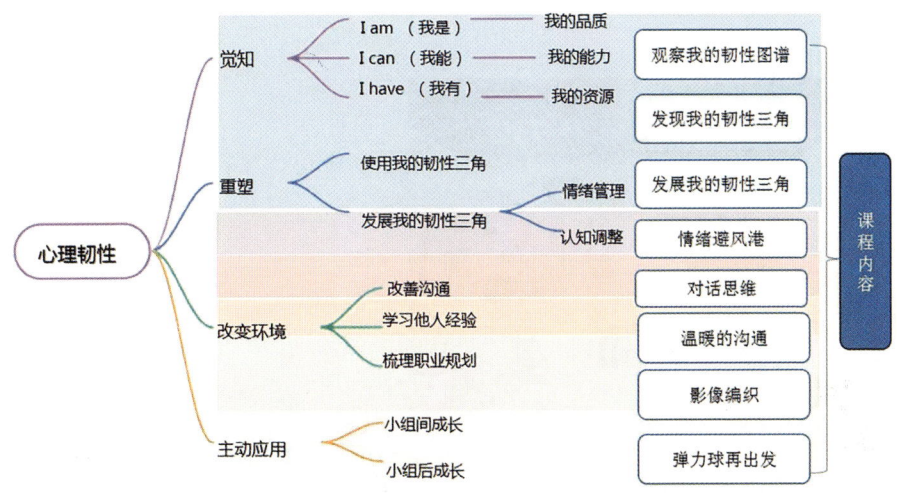

图1 青年护士心理韧性同辈成长小组干预框架

觉知阶段 从工作中遇到的挑战出发，在交流分享中，帮助服务对象觉知自身的品质、能力、资源。

重塑阶段 帮助服务对象利用自己已有的心理韧性重塑事件的结果，并进一步探索自己品质、能力和资源中可以发展的空间，设定新的目标，在个人内部韧性部分结合大家的需求，重点提升自己的情绪管理能力、调整认知。

改变环境 重点考虑个体与环境的互动，即改善沟通、学习他人经验、梳理职业规划。

主动应用 则贯穿服务始终，包括小组间成长和小组后成长。对应各阶段干预重点，本项目设计了"观察我的韧性图谱"（图2）、"发现我的韧性三角"、"发展我的韧性三角"、"情绪避风港"（图3）、"对话思维"、"温暖的沟通"、"影像编织"（图4）、"弹力球再出发"八节活动内容，活动中充分运用了游戏、分享、学习、体验、实践练习、绘画、手工等丰富的形式，增强活动的趣味性。

图2 "观察我的韧性图谱"中青年护士分享个人经验

图3 "情绪避风港"中正念呼吸和身体扫描练习

图4 "影像编织"中以"团队"为主题作画

在服务结束后,项目组对干预组成员进行了访谈,其中84%($n=11$)青年护士认为"帮助非常大",15%($n=2$)青年护士认为"帮助比较大",他们表示通过课程,可以分享困惑和收获他人遇到困难时的视角和方法,通过本次活动认识了有趣的人,学员们相互理解支持,提升了职业认同感和对医院的归属感。项目对青年护士心理韧性有较好的提升效果。但心理韧性的改变是一个缓慢、逐渐的过程,如何在职工群体中开展更加有效的心理健康保健服务,需要在工作中进一步探索。

> **点评 COMMENT**
>
> 新华医院工会在专业社会工作师的参与下,开展对青年护士心理健康问题的研究。以需求研究及专业心理韧性理论为依据,结合服务对象的实际情况,有针对性地开展了心理健康干预服务。青年护士是医疗卫生服务的重要提供者,他们普遍面临工作强度大而心理韧性弱的矛盾,关注关爱这一群体的心理健康,对于促进青年护士队伍成长和提高医疗服务质量具有十分重要的意义。项目组开展的专业化心理干预服务获得积极的成效,而巩固和发展这些成果,需要在日常的工作中进一步坚持有效的关心服务举措,为青年护士的成长创造更好的环境。

复旦大学附属儿科医院工会

为抗疫一线医务人员送上心理关怀
——儿科医院开设职工减压直播间

在抗击新冠疫情的过程中，作为上海市唯一的儿童新冠患者定点收治单位，复旦大学附属儿科医院始终处于第一线。医院派出一批批的医务人员在上海市公共卫生中心、仁济南院和医院新冠病房开展救治工作。医院工会在积极做好抗疫一线医务人员的生活物资保障的同时，关心着医护人员的心理需求，开展职工心理关爱和支持工作。2022年3月16日，儿科医院工会主办的"职工减压直播间"开播，每晚定时线上直播"儿科医院EAP系列课程"，正式启动线上职工关怀和心理疏导工作。

一、帮助职工缓解焦虑紧张情绪

当面对全市多区域疫情封控情况，不少职工因连续半个月到一个月坚守岗位，失眠焦虑抑郁情绪增多，也有些职工因封控政策居家无法外出情绪低落沮丧等。为了更好地缓解大家焦虑、紧张的情绪，工会一方面整合各方资源，借助微信公众号梳理各平台心理调适资源，亲子沟通讲座、贴士等，帮助大家自我调节，缓解焦虑情绪，改善心理状态。另一方面，为切实帮助到职工，工会通过线上直播的形式，开展了适用于居家状态的正念冥想和内观解压课程、瑜伽课程、肌肉放松课程，帮助职工洞悉自身潜在负面情绪，调整自我状态，缓解焦虑（图1）。

图 1　解压直播间课程

工会还在原课程基础上增设音乐减压疗法、正念葡萄干和情绪涂鸦、健身训练等课程，同时为居家隔离的职工，开设收纳管理课程，邀请多位樊登读书资深领读人，通过直播间为职工们带来经典名作导读活动，为家中有孩子的职工们增设了居家亲子沟通课程，为职工子女开设了摄影趣谈、亲子读书课程。

二、为特殊人群送上心理关怀

针对职工中特殊人群（如孕期妈妈、患有高血压、心血管疾病等基础疾病的职工、医二代和退休专家）的焦虑，儿科医院工会联合华山医院、中山医院和妇产科医院等兄弟医院工会，推出"EAP 职工关爱项目——特殊人群关爱计划"，利用中午午休时间，邀请医生进行线上科普和一对一答疑，为职工提供科学、可靠的心理支持，确保职工安心工作（图 2）。

图 2　特殊人群关爱计划

三、借助互联网＋模式，拓宽课程内容和受众面

"职工减压直播间"内容涉及自我催眠、肌肉紧张放松、正念冥想、瑜伽、居家亲子、收纳管理、经典名作导读和摄影趣谈等 13 类舒缓身心，放松减压课程，活动上线以来已开展 61 次课程，累计参与人数达 1 830 人次。在无法实现现场面对面开展减压活动的情况下，充分运用互联网，通过线上直播间的形式，为职工纾解焦虑、紧张情绪。使职工深切感受到，在抗击新冠疫情的战斗中，医院工会始终与他们并肩作战，为职工的身心健康保驾护航。

> **点评 COMMENT**
>
> 儿科医院医务人员在新冠疫情期间面临紧张繁忙的患儿救治任务，院工会有针对性地策划组织了职工减压直播间系列课程，为广大医务人员提供了压力管理、情绪调节与管理、健康生活指导等丰富多彩的课程，引导职工转变思维方式，以积极态度面对困境和拥抱希望。在新冠疫情的特殊时期，工会积极开展职工心理关怀项目，缓解了职工焦虑紧张情绪，提升了工作效率，增强了职工凝聚力和战斗力。

复旦大学附属肿瘤医院工会

多管齐下　为员工身心健康"加油"

复旦大学附属肿瘤医院是上海市唯一一家三级甲等公立肿瘤专科医院，每天面对来自全国各地的大量求医者，承担着繁重的医疗救治任务。医院突发事件多、医疗风险高、危重患者多，医务人员不仅面对繁杂的医疗工作，还需经常面对重大疾病面前的生死情感冲击，对医务人员的身心健康带来很大的挑战。肿瘤医院工会将关爱职工、保障医务人员的身心健康作为工会的重要工作内容，通过多种途径，努力化解医务人员精神压力和心理困扰，促进医务人员的身心健康。

一、打造多功能职工活动中心，为职工工间休息提供更多空间

在医院党政的大力支持下，肿瘤医院设立职工健康活动中心，设置综合体操房、职工健身室、职工书屋等空间，总建筑面积约200平方米，打造温馨的职工之家，为职工工作之余的休息活动增加更多选择。在职工书吧引入超市服务，为职工提供咖啡、简餐和西点等，营造温馨的休息环境。在健身房配置健身角，提供跑步机、拉力器、划船机、乒乓台等健身器械和器材，制定健身房管理制度，定时向职工开放，在健身房设置张贴运动健身宣传画、宣传标语，健身房定期请健康教练指导职工科学开展运动，并邀请专业健身教练定期指导使用，其中职工健身房获评上海市医务工会十佳健康角（图1）。职工服务活动中心的多种活动项目为缓解医务人员工作压力提供了良好条件，为职工新增了工作之余的休息活动场所，成为职

工工作之余休息放松的温馨空间。

图1 职工健身房

二、创办多样化文化社团，为职工业余文化生活提供多种选择

肿瘤医院工会大力发展职工文体活动社团，根据职工兴趣爱好成立文体社团15个，分别是：合唱社、舞蹈社、吉他社、瑜伽社、足球社、篮球社、羽毛球社、乒乓球社、跆拳道社、心意拳社、骑跑社、摄影社、书友会、棋牌社、影剧社。职工参与率达到30%以上，其中书友会和合唱社荣获上海市医务工会星级社团。社团以工会监督考核、社团自主管理的方式开展活动，并聘请了专业老师对社团成员进行专业的辅导。近年来开展了以"携手关爱·健康同行""九十载薪火相传·百年路笃行恒昌"等为主题的肿瘤医院职工社团文化节活动（图2），先后举办了徐汇滨江健步走、全院乒乓球、羽毛球团体赛、瑜伽公开课、心意拳公开课、全院摄影比赛等近单项活动，累计参与达800人次以上，文化社团的活动促进了职工之间

的沟通交流，成为释放工作压力的平台，也让职工获取了身心健康的更大能量。

图2　开展职工社团文化节

三、开展 EAP 员工关爱项目，为职工心理健康获取多种支持

肿瘤医院工会医院工会与第三方心理培训机构合作，开展 EAP 员工关爱项目，开展全院职工心理状况及员工满意度调研，了解职工的身心健康现状和需求，对重点人群开展了心理微课、定向辅导等正向支持课程。开展"阳光关爱大使"项目，在院内招募并培养了近 30 名本院职工作为"EAP 阳光关爱大使"（图3），通过专业机构的培训完成专业课程学习，包括"人际与职场沟通""异常心理学""心理支持与实际演练""聚焦解决的员工对话技术"等课程。关爱大使将应用所学专业方法为部门科室员工提供疏导情绪和缓解压力的服务，将自己的爱与光传播给身边的人。员工关爱项目邀请专业心理咨询师对有需要的员工进行电话或面对面咨询：内容

涉及心理情绪困扰、家庭情感、亲子教育、身心健康、职场困扰等主题领域，使职工在困惑和无助的时候得到医院大家庭的支持。

图3　员工关爱大使

> **点评**
>
> 复旦大学附属肿瘤医院工会持续做好医务人员关心关爱工作，健全服务职工工作体系，通过打造职工休息服务阵地、开展职工文化社团活动和实施员工心理服务EAP项目等途径，丰富职工精神文化生活，帮助职工调节身体状态，协助员工解决心理困扰，全面促进职工身心健康。医院工会竭诚服务职工，提升了职工的获得感与幸福感。

上海中医药大学附属曙光医院工会

创建"曙光小筑"
为医务人员提供心理服务

针对疫情防控时期临床一线的医务工作者面临的工作强度大和工作压力重的现状,上海中医药大学附属曙光医院工会开展对一线医务人员的心理服务。采用"心理健康自评问卷"调查的形式,对本院临床一线职工进行心理健康状况调查。携手华师大社工系及上海市心理康复协会专业力量,创建"曙光小筑"(图1),以"曙光小筑"为载体开展个案咨询服务,帮助职工化解困惑压力,促进职工心理健康。

图1 "曙光小筑"咨询室

一、调查了解一线医务人员的心理健康状况

2021年3月，曙光医院工会采用问卷调查的方式，对本院792名一线职工进行心理健康自评调查。结果显示，心理健康阳性率为20.2%，其中41～50岁的职工焦虑情况和躯体化表现最为突出，集中表现为睡眠差、容易感到疲劳；护士和医技人员的心理压力值较大。鉴于此，医院工会在党委的领导支持下，在职工中开展心理咨询和疏导服务项目。

二、创建"曙光小筑"，开展心理健康服务

曙光医院工会在院内开辟咨询诊疗室，名为"曙光小筑"，聘请具有专业资质的精神心理科医师、心理咨询（治疗）师、社工师定期来院坐诊，开展心理咨询与个案服务，帮助医务职工调整认知与应对模式，宣泄负面情绪，缓解情绪问题，从而有效提升医务人员对于心理健康知识的了解与关注。

"曙光小筑"在浦东院区和浦西院区分别开设，每两周一次在周五下午的1:00—4:00接待医务人员咨询服务。来访者需提前扫二维码填写预约单，工作人员接到预约即联系预约者确定服务时间，来访者根据预约的时间按时前往。如遇突发紧急情况，医务人员也可当场前来咨询寻求帮助，工作人员将会根据情况进行安排。

在服务干预上，心理治疗师首先会对服务对象的情绪状况、危机状况进行评估，然后根据服务对象的问题与需求提供相应的干预，针对家庭关系问题，治疗师主要采用共情与支持、认知矫正技术、家庭沟通技巧指导、循环提问等技术，帮助来访者发掘自身的负性自动思维，了解自身家庭互动模式，提供一些改变的方案与建议。针对职场问题，治疗师主要采用倾听、共情与支持、问题解决七步法等技术，帮助来访者宣泄情绪，同时形成问题解决的方案。针对个人成长问题，治疗师主要采用共情与支持、认

知矫正技术，帮助来访者探索并调整自我认知。针对睡眠障碍，主要采用睡眠卫生指导、放松训练、正念减压等技术进行干预，对医务人员进行心理健康教育和指导（图2）。

图2 "曙光小筑"咨询服务中

三、服务成效

自2021年以来，通过"曙光小筑"接受咨询的医务职工共112人。在年龄分布上，预约的医务人员主要以26～40岁的人群为主，其余年龄段的医务人员预约较少；在职业分布上，医务人员中护师前来求助的人数相对医技、医师人数更多。在问题分布上，情绪问题、家庭困扰以及职业困扰是前来求助的主要原因，其中家庭困扰与情绪问题存在共病情况。进一步分析发现，情绪问题在不同年龄段的医务人员与不同职业的医务人员中存在差异，情绪问题更多出现在26—40岁的医务人员中，护师更容易因为情绪问题前来求助。

服务共收到服务反馈 91 份,根据接受个案服务的医务人员反馈显示,其中有 33.33% 的医务人员经过干预后彻底解决了自己的问题,44.44% 的医务人员经干预后自己的问题得到大部分解决,22.22% 的医务人员经干预后自己的问题得到小部分解决。接受服务的医务人员对于服务均感到满意,非常满意的比例占到了 94.44%,所有接受服务的医务人员都表示愿意继续预约并向别人推荐这项服务。

> **点评 COMMENT**
>
> 曙光医院工会关注医务人员的工作强度和心理压力状况,在院内专门开设服务空间,为医务人员提供专业化的心理咨询和健康服务,根据职工职业压力的各种原因帮助他们寻求与之对应的减压方式,得到医务人员的认同并取得较好的服务效果。这项服务顺应了疫情防控情况下医务人员工作压力增大的现状,及时回应了医务人员的需求,是工会在新形势下更好服务职工的有效探索。

上海中医药大学附属岳阳中西医结合医院工会

打造"阳光驿站" 开展职工心理服务

近年来,上海中医药大学附属岳阳中西医结合医院(简称"岳阳医院")工会坚持以职工为本,通过多种途径关爱服务职工,把人文关怀心理服务融入职工思想工作、医院精神文明建设工作中。创建"阳光驿站",探索建立"整体关注、因人而异"的工会"精准化"心理关爱帮扶机制,被列为市医务工会重点课题,并获评第五届中国医疗卫生行业 EAP 论坛"新时代医院人文关怀与职工满意度提升最佳实践"优秀创新案例奖等相关荣誉。

一、完善关爱服务工作体系

岳阳医院在 2014 年就成立了职工心理疏导小组及心理服务团队,由党委分管书记直接领导,办公室设在工会。形成了由医院工会及下设的 19 个部门工会、96 个工会小组共同参与的工作网络体系。通过医院领导与职工"面对面"恳谈、访谈、讲座、工作坊、心理沙龙、文化体验活动等途径,了解职工需求,多措并举开展职工关爱服务工作,助推医院高质量发展。

医院工会积极组织职工文体活动,打造了市卫生健康系统的一个"文体基地"(上海医务职工羽毛球基地)、两个市医务工会的"星级品牌社团"(五星级合唱团、三星级"爱岳"乐团),坚持在医院开展"午间班后一小时""岳阳文斋"等职工文化服务项目(图1),丰富职工精神文化生活;建成并获市总工会授牌的五星级"爱心妈咪小屋"(图2)、获市医务工会授予的"健康角"、市妇联授予的"上海市妇女之家示范点"、上海市卫健系统女职工工作的优秀品牌项目,为职工提供多种形式的关爱服务,丰富了医院文化的内涵,促进了职工身心健康。

图1 医院午间休息一小时活动区

图2 五星级爱心妈咪小屋

二、组建"阳光心理"服务团队

以普及心理健康知识与促进心理健康发展为主要目标，组建由专业机构和医院职工中有资质的心理咨询师组成的"阳光心理"服务团队（图3）。开展线上线下专业知识授课和主题分享活动，如巴林特小组活动、各类知识讲座、亲子活动、法律讲座、咨询活动等，引导职工关注自身心理健康问题。组织线下团队心理咨询活动，对个别职工在工作学习生活问题上存在情绪失衡、人际关系不适等情况进行交流，解惑释疑、化解矛盾、扑灭"压力火苗"。开展线上心理援助，针对医务人员"存在心理问题但羞于求助他人"的特点，提供心理援助"热线"电话，保护职工隐私，帮助职工战胜负面影响，以最佳身体状态和心态面对来自各方面的压力，提高心理健康素质。

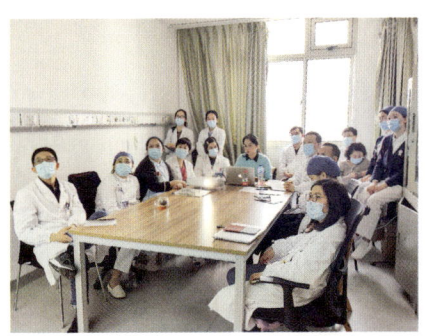 

图3　心理服务团队服务场景及服务内容（组图）

针对医疗一线职工，提供突发事件心理危机干预服务。在新冠疫情期间，采取"多部门联手关爱服务＋专业辅导心理援助"相结合的模式，对一线医务人员及其家人在生活上予以关爱慰问，解决后顾之忧。借助外援优质专业心理服务平台，开展有针对性的群体和个体心理辅导活动，提升医务人员自我疗愈和抗压能力（图4）。

图 4 心理服务团队深入科室进行遭遇突发事件人员心理干预

坚持关心关爱院内的护工护理员及后勤保洁保安人员等,联手护工行业工会为护工护理员们提供女性专属疾病免费筛查(图 5),协助开展技能培训,使其在技能比赛中收获自信,在被关爱中增强归属感,在推动医院高质量发展发挥独特作用。

图 5 关爱院内护工护理人员

三、开设职工休息减压的"阳光驿站"

医院开设了多媒体职工心理调节室（图6），成为职工休息减压和缓解不良情绪的"阳光驿站"。职工心理调节室内设视听、体操、瑜伽、香薰等活动区域，让职工通过音乐欣赏、香薰体验以及开展各种形体活动，释放心理负能量，达到放松减压的效果，促进职工健康生活、舒心工作。

图6 多媒体心理调节室使用场景（组图）

点评

岳阳医院工会通过多种途径加强职工关爱服务工作，依托本院职工文体基地和文化社团，组织开展文体活动，丰富职工业余文化生活，以"阳光工作、健康生活、快乐学习"为工作目标，组建"阳光团队"，开设"阳光驿站"，为职工提供心理关爱服务。工会积极为职工服务，回应了职工的需求，促进了医院精神文明建设和高质量发展。

上海市徐汇区医务工会

汇心疗愈　心理健康服务进社区

在深入贯彻党的二十大精神，推进健康中国、健康上海规划纲要的大背景下，徐汇区试点开展社会心理服务体系建设工作。徐汇区医务工会以此为契机，落实医务职工人文关怀和心理关爱工作。2023年，在徐汇区试点工作办公室和区卫健工作党委支持指导下，徐汇区医务工会联合上海市徐汇区精神卫生中心（简称"徐汇精中"），以社区卫生服务中心医务工作者为中心，以广覆盖、多参与为目标，打造"汇心疗愈——心理健康服务进社区"医务职工心理关爱项目，从以下方面，推进这项服务走进基层医疗机构，服务医务职工。

一、医社共建搭好一个平台

以协同创建社会心理服务体系试点工作为契机，发挥徐汇精中专科优势，全方位整合汇聚各类社会力量，搭建了一个医务职工心理服务资源平台，邀请辖区各类社会心理服务组织加入关心关爱医务职工的队伍中来，提供多样化的医务职工心理服务清单，供辖区基层卫生服务中心按需选择，定期配送。

二、创新形式做好一项服务

经过前期调研和意见征询，2023年"汇心疗愈——心理服务进社区"项目以"艺术疗愈　以画'汇'心"为主题，开发设计了5个艺术疗愈课程，它们是：色彩疗愈、随心流动；剪纸疗愈、用画发声；律动生命、艺术创作（图1）；感受宁静、记录情绪（图2）；一种颜色、无限可能。在2023年3月1日至5月24日近两个月里，分别来到辖区13家社区卫生服

图1 律动生命 艺术创作活动剪影

图2 感受宁静 记录情绪活动剪影

务中心送服务上门，根据他们的需求，配置相应的课程，为社区医务职工提供"gap hour"的心理舒缓时间，协同各工会成员单位为医务职工创造健康支持性环境，逐步改善医务职工生活方式，提升医务职工身心健康水平。

三、口口相传建好一个品牌

服务的传递输送一方面提高了参与职工的身心健康水平，另一方面在辖区社区卫生服务中心形成了良好的心理关爱氛围。为持续扩大影响，使得"身心同健康"的理念深入到每一位医务职工心中，徐汇精中还打造了"汇心疗愈"线上教程，推送多篇科普宣传文章，同时在2023年徐汇区卫生健康系统运动"汇"闭幕式暨徐汇区精神卫生中心"精中杯"八段锦比赛现场设置"五感心理疗愈"专区（图3），将心理健康理念传递到医务职工生活、工作、运动的方方面面，推动"汇心疗愈"服务品牌深入人心。

图3 五感心理疗愈 音乐体验

2023年"汇心疗愈——心理健康服务进社区"系列服务历时3个月，

采用全新的心理服务形式，普惠徐汇辖区内13家社区卫生服务中心，服务覆盖人数累计195位医务职工，268人参与线上课程，系列科普文章浏览互动量达2 000余次，整体服务满意度高达90%。医务职工们在了解艺术疗愈知识的同时，沉浸式专注于自我疗愈作品的创作，带来一系列医务职工热情传播心理健康理念的新热潮。

> **点评 COMMENT**
>
> 徐汇区医务工会探索心理服务进基层、服务社区医务职工的方式，是一次有益的创举。他们联合专业的力量，打造"汇心疗愈"艺术课程，配送服务到社区。不仅让基层医务职工的心声被聆听、情绪被看见、疗愈在发生，同时形成了良好的心理关爱氛围，专业性、普惠性的服务树立了工会的形象，有效提升了医务职工的幸福感、获得感。

上海市普陀区精神卫生中心工会

织就服务网络　构筑健康港湾
——普陀区精神卫生中心开展医务人员心理健康促进服务

为落实党的二十大提出"重视心理健康和精神卫生"的要求及"健康中国2030"建设目标，普陀区精神卫生中心工会在普陀区医务工会的支持下，依托"医路阳光·守护心灵"的党建品牌，以"悦心联盟——心理健康促进项目"为载体，联合区内多家医院工会组建EAP联盟，启动员工心理帮助计划（employee assistance program，EAP），推动普陀区医务职工心理健康促进工作。

一、深入调研挖根源　精准把脉问"心"症

在全面学习贯彻习近平新时代中国特色社会主义思想主题教育的过程中，普陀区精神卫生中心工会对区内6家医疗机构的671名医务职工进行心理健康状况及影响因素的调查，从调查中了解到，33.39%的受访者身心健康水平总症状指数超过预警线，职工的心理健康服务需求量较大，但缺乏专业性支持。因此，依托"悦心"EAP联盟，成立了一支多学科专业团队，拟定了一套干预处置机制，搭建了多元化的心理健康促进服务平台，以不断推动EAP项目走深走实（图1）。

二、定向施策、多元创新解"心"结

"悦心"EAP项目通过开展"一个联盟、一支队伍、一个载体、N种

图1 "悦心"EAP签约仪式

服务"的"1+1+1+N"服务模式,为医务职工心理健康促进提供多元化帮助。

一个联盟 "悦心联盟"EAP项目成立以来,吸引了包括普陀区中心医院、利群医院、普陀区人民医院、普陀区卫生健康委员会监督所及万里社区服务中心等多家兄弟医疗机构的加入,签署合作协议。为普陀区医务职工开展全方位、多层次、高效能的心理健康关爱服务提供保障。

一支队伍 "悦心"EAP心理健康服务团队是由普陀区精神卫生中心为主体组建的一支多学科团队。通过专业的心理干预技术,预防、识别和处置影响医务职工心理健康的相关问题,畅通心理援助渠道,缓解负性情绪,释放职场压力。

一个载体 自主设计开发"悦心亭"心理服务平台,并搭载"一键拨打心理援助热线"的功能,已在普陀区全覆盖投放,为医务职工提供最便捷快速的心理求助通道(图2)。

图2 "悦心亭"服务平台

N种服务 通过专业技术为医务职工打造多元化的心理健康服务。提供专业心理健康测评，分级筛查，提升服务针对性；依托962525上海市心理援助热线平台，为联盟单位延伸EAP专线，开拓便捷、暖心的心理疏导通道；按需定制专业心理科普，结合线上线下等多种形式开展心理健康传播；通过音乐疗愈、运动释放、悦心操、减压游戏等形式，帮助医务职工赋能减压（图3）；建立EAP联盟绿色就诊通道，对重点关注对象开展分层心理援助，以心理咨询、个案辅导、危机干预等形式开展EAP服务。

"悦心"EAP联盟通过"1+1+1+N"服务模式，构建牢固的心理安全健康网，形成普陀医务工会系统的职工心理关爱服务机制，以实际行动为医务人员的心理健康保驾护航，极大促进了医务职工的心理健康水平。

三、一圈一链，织就心理健康网

"悦心"EAP联盟项目实施以来，通过提高医务职工心理健康意识，帮

图3　音乐疗愈活动

助职场减压,提升内在源动力,让医务职工更好地应对工作压力和挑战,收获了一致好评。通过"1+1+1+N"的心理健康服务模式在医疗系统内试行的成功经验,EAP联盟在不断升级后,将深入职场人群,由点及面,帮助更多不同职场人群的心理健康预防和干预,不断深化社会心理服务体系建设。

普陀区精神卫生中心将与普陀区总工会紧密合作,依托"普工英"资源平台,进一步扩大"悦心联盟"朋友圈,与医疗机构、机关行政、教育系统、企业园区开展合作。分阶段、成系列地走进楼宇、企业、校园和医院,针对职场人群开展心理健康促进项目。通过心理评估、心理健康教育、心理疏导与咨询义诊等服务,建立心理健康促进的"15分钟心理健康服务圈"和"心理健康职业关怀链"。通过"一圈一链"不断提升心理健康社会普及率,提高普陀区职场人群的心理健康水平,优化普陀区宜居宜业的营商环境,为"健康普陀""健康上海"的建设目标扎牢心理健康的第一道防线。

点评 COMMENT

普陀区精神卫生中心工会在区医务工会的支持下，联合区内多家医院工会组建医院EAP联盟，实施"悦心联盟"项目，以"1+1+1+N"的服务模式，为医务职工心理健康促进提供多元化帮助，构建牢固的心理安全健康网，形成区卫生健康系统职工心理关爱服务机制，为医务人员的心理健康保驾护航，为促进公立医院高质量发展和社会和谐稳定发挥重要作用。

上海市嘉定区中心医院工会

传递温情　解码心灵
——嘉定区中心医院工会实施"心悦湾"心理关怀项目

为了缓解医务人员的工作压力，维护职工的身心健康，嘉定区中心医院工会自2015年开始，开展"心悦湾"心理疏导项目。完善硬件配置、提供经费支持，并落实专业人员，多方面开展工作，从解决职工最关心、最直接、最现实的问题入手，消除职工思想负担，使其轻松工作，营造团结互助、平等自由、宽松和谐的人文环境。

医院将这项工作作为关爱职工的实事项目来落实，从以人为本和构建和谐医院的高度，充分认识关爱职工身心健康的重要意义。项目活动经费列入年度预算，建设完善了项目活动的场所，重新设计职工之家，建成一个包含读书屋、编织坊、谈心角、咖啡吧以及健身按摩等区域的职工休息室，着力为职工打造一个放松心情、舒缓压力的港湾。

"心悦湾"心理疏导项目成立工作小组，人员由医院心理科医师、专业心理咨询师以及通过上海市巴林特小组培训课程的护理人员组成。同时邀请社会专业人士来院授课指导，提升服务内涵。先后邀请上海复源社工师事务所、华东师范大学心理学教授等来院开展专题讲座。

"心悦湾"项目的主要内容如下。

设立心灵驿站　心灵驿站设在医院护理部（图1），是专门为护理人员提供心理服务的项目。由于护理人员工作强度大、心理压力大、学习任务重，长期处于应激状态，因此专门在医院护理部设立"心灵驿站"，以更好地解决护士群体的心理问题，为患者提供更优质的护理服务。"心灵驿站"每周三上午开展服务，由护理部主任负责接待各位护士及家属，对他们工作生活上的困难答疑解惑，不仅关注了护士群体的心理状况，还同时对护士家属开展心理疏导。项目采用一对一面询的沟通方式，注重保护来访者隐私，给大家一个宣泄情绪、释放压力的途径。目前"心灵驿站"已成为医院品牌项目，并在整个嘉定区护理工作会议中进行交流推广。

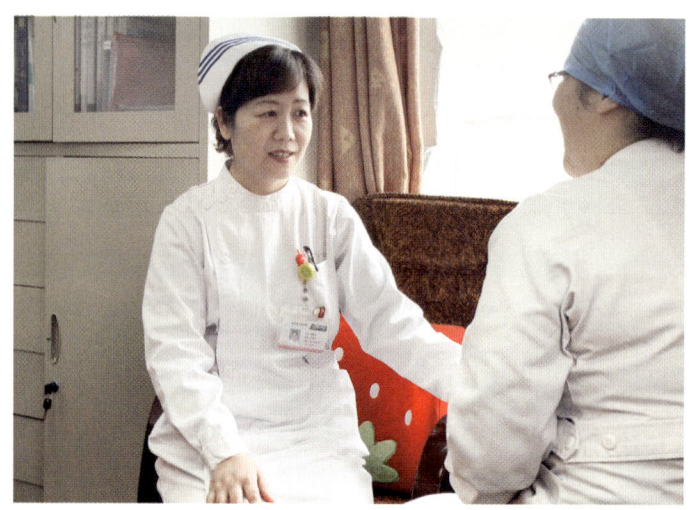

图 1　心灵驿站

开展巴林特小组活动　自 2015 年起，每季度组织开展巴林特小组活动（图 2），由多位具有国家二级心理咨询师资质的医务人员负责。以一种聚焦于医患关系的病例讨论形式，帮助医务人员缓解职业压力。巴林特小组让医护人员更好地理解患者的情绪和心理，帮助医护人员解除负能量。巴林特并不一定要大家在现场给出具体的建议，但它提供了一种新的思维方式，让大家用支持、信任、关爱去塑造有人情味的医患关系和人文情感。

举办"快乐吧"活动　自 2014 年起，医院工会开展"快乐吧"活动（图 3），每季度一次组织职工开展不同主题的文化活动。内容有心理咨询、

图2 巴林特小组活动

图3 "快乐吧"活动

健康保健、手工作品展示等，先后举办了养生讲座、插花学习、丝巾秀、绘画、烘焙等系列活动，让医务职工舒缓压力，快乐工作，增添生活乐趣。另外，开展每季度一次的精神运动放松训练，运用多彩丝巾、音乐节奏等方式，让员工身心放松。

融入叙事医学 自2019年起，医院将叙事医学融入伦理查房，每季度一次开展叙事医学故事分享交流会，坚持医学伦理和叙事医学双导向，采取不指责、不争论、不扩散方式，深刻体现尊重、有利、不伤害、公正的伦理原则，强调医患共情。

开设心理专科 针对目前医务职工普遍存在的工作压力大等热点，工会联手医学心理门诊（下设睡眠障碍门诊、记忆障碍门诊等），帮助职工解决各种心理问题和精神困扰，提高工作生活质量。

"心悦湾"心理关怀项目先后荣获第五届中国医疗卫生行业EAP论坛（新时代医院人文关怀与职工满意度提升最佳实践）优秀示范案例奖、第六届中国医疗卫生行业EAP论坛（突发公共卫生事件下医务人员心理健康关爱最佳实践）优秀推广案例奖。嘉定区中心医院获评上海市人文关怀心理疏导示范点。

> **点评**
>
> 嘉定区中心医院工会开展"心悦湾"心理关怀项目，帮助医务人员缓解心理压力，疏导心理困境，诠释了医院用心服务患者，用爱温暖职工的理念。关爱职工，维护职工身心健康，对于增强职工的归属感和认同感，激发职工凝聚力和创造力，推动公立医院高质量发展起到了重要的作用。

上海市奉贤区南桥镇社区卫生服务中心工会

开展心理关爱服务　帮助职工纾解工作压力

针对医务职工工作压力大、心理健康面临挑战的现状，奉贤区南桥镇社区卫生服务中心工会以开展职工心理关爱服务为重点，落实关爱职工工作体系，以帮助职工缓解工作压力和心理压力，促进职工身心健康，实现患者服务体验提升、职工幸福指数提升的双赢目标。

一、健全沟通渠道，完善职工诉求表达机制

畅通职工诉求表达机制是实施职工关爱的基础。中心健全民主管理制度，建立党政工团齐抓共管的帮助、关爱工作体系，层层压实工作责任，畅通一线医务人员和医院领导的沟通渠道，通过座谈会、谈心谈话等形式，倾听职工意见诉求，及时掌握职工思想情况，有针对性地做好思想政治工作，解决实际问题。

二、加强人文关怀，改善职工心理压力状况

一是落实各项服务职工的措施，为职工办好事实事。如食堂推出半成品净菜，帮助职工减轻家务劳动，改善福利，为职工免费提供水果和乳制品；工会落实帮困措施，开展困难职工慰问；举办中秋联谊会、趣味运动会等，丰富职工文化生活，加强职工之间的交流。二是加强人文关怀。工会开展人文关怀项目专题调查研究，了解分析职工心理健康状况及存在的突出问题，建立职工身心健康档案，采用分级分层人文关怀心理服务，配

备心理联络员，开展针对性服务。开设区内首家社区身心专病门诊；聘请心理咨询专家，开展团体OH卡等心理减压讲座；开展正念冥想练习（图1）、巴林特小组活动（图2），让医务人员理解患者的情绪及行为，化解负性心理情绪；聘请华山医院EAP专家线上带领，开展为期四周的正念职业减压课程，以帮助职工缓解职业压力。通过开展适当的心理疏导服务，调适医务人员的心理压力，使其以开阔的心态和良好的精神风貌去服务社会。

三、加强思想引领，激发医务人员责任感和使命感

宣传先进典型，弘扬崇高职业精神。通过"身边的温度""幸会家医"等专栏，选树先进典型，引导正确舆论导向，激发医务人员的责任感、使命感。利用微信公众号、宣传栏、电子屏等多种形式。通过组织开展"童'画'故事·党的故事我来画——儿童绘画作品征集活动"，鼓励职工子女用书信或绘画形式致敬医务工作者，传播正能量、汇聚精气神。

四、完善激励，充分调动医务职工积极性

加大激励措施，落实绩效倾斜。充分发挥绩效杠杆作用，向临床任务重、风险程度高特别是贡献突出的一线人员倾斜，切实把对"白衣战士"的关爱落实落细。对医德高尚、医技精湛的同志，积极申报最美医生、十佳家庭医生等，并优先推荐职称晋升，选派至上级单位跟班学习、挂职锻炼。

南桥社区卫生服务中心工会聚焦职工关心的重点，加强职工的心理关爱，取得了一定成效。工会以问卷调查、关键人物访谈等形式，进行调查分析。2022年至2023年，工会工作和EAP融合，开展心理服务，职工精神面貌有了改善，逐步营造人人注重医院形象、人人关心医院发展、人人讲究努力奉献的良好氛围。职工的归属感和凝聚力进一步增强，对医院的满意度从93.2%增加到98.4%。参加正念减压团体的医务人员压力知觉患

图1 正念冥想练习

图2 巴林特小组活动

病率从 38.1% 下降到 23.8%，焦虑患病率从 57.1% 下降到 33.3%，从而提升满意度及归属感。同时，中心将人文关怀贯穿医疗服务全过程，患者满意度持续提升。

点评

奉贤区南桥镇社区卫生服务中心工会以关心关爱职工为着力点，依托 EAP 等多种途径，开展医务职工的心理关爱服务，调动了职工群众的工作积极性，增强了职工的归属感和凝聚力，为基层医疗卫生机构的高质量发展，发挥了积极的作用。

06 EXPERIENCE 实践

关注医务女性特殊需求

上海市第六人民医院工会

聚焦女职工需求　构建关爱服务工作体系

女职工是医疗卫生机构的重要力量，在医疗卫生健康事业发展中发挥了重要作用。关爱女职工，帮助她们解决工作中生活中面临的实际困难和问题，是医院工会的重要职责。上海市第六人民医院现有女职工3 600余人，占比约70%。为了更好地关心、帮助和服务好女职工，医院成立了由工会牵头，妇委、团委等部门参与的专门小组，实施女职工关爱行动。工作小组通过问卷调查、访谈、座谈会等方式，了解女职工的需求。

调研显示，医院女职工反映比较集中和迫切需要解决的问题和困难有：婚恋家庭、哺乳育儿、心理健康、亲子关系、子女寒暑假托管等，市六医院工会决定构建关爱服务工作体系，对象由医院女职工扩展到家庭儿童，落实多元化的关爱服务措施，以帮助职工更好地应对生活中的各种挑战，提高生活质量，促进家庭和谐与社会进步。具体措施如下。

一、举办相亲交友活动，助力解决职工婚恋问题

为了帮助职工解决婚恋问题，2023年，医院工会组织职工参加相亲交友活动共计18场次。形式包括"狼人杀＋桌游""飞你莫属，心动飞盘""情有独粽""夏日甜蜜采摘"等主题交友活动（图1）。为单身职工，尤其是女职工提供一个交流交友的平台。2023年步入婚姻职工共计36对。帮助职工解决了婚恋问题，为医院营造了和谐的人文环境。

图 1 "夏日甜蜜采摘"主题交友活动

二、推进妈咪小屋建设，服务女职工特殊需求

为了解决哺乳期女职工背乳困难，医院设立"妈咪小屋"（图 2），并不断完善设施，于 2023 年成功创建五星级妈咪小屋。小屋内设施设备齐全，

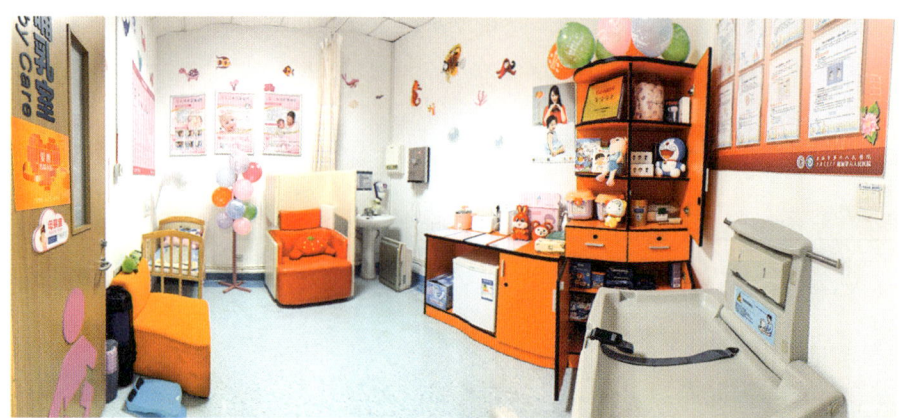

图 2 "小海娃"妈咪小屋

色调柔和温馨，环境整洁舒适，为哺乳期女职工提供了私密舒适的空间。小屋专人管理，建立完善了包括使用登记制度、清洁管理制度、安全管理制度、投诉建议制度等管理制度。在个性化服务特色方面，小屋配备儿童书籍和玩具，并免费提供婴儿奶粉、湿巾、纸尿裤、卫生用品等。不仅为女职工提供了便利和舒适的条件，同时也为提高母乳喂养率、促进女职工及子女健康成长起到了积极作用。

三、举办各类科普讲座，关爱女职工身心健康

一是开设盆底肌健康讲座（图3）。讲座内容涵盖盆底肌的结构、功能、保养方法等，通过专业讲解和实践指导，提高了女性职工对盆底肌健康的重视程度。同时，提供免费检查服务，帮助女性职工了解自身盆底肌恢复情况，及时采取康复措施，恢复健康。二是举办"轻松养孩子"育儿沙龙。育儿问题是家庭关注的焦点。为了帮助职工更好地应对育儿挑战，

图3 盆底肌健康讲座

院工会开展了育儿沙龙活动。提供专业知识和实践指导,交流育儿经验,帮助职工解决育儿中的困惑和困难,提高育儿技能和信心。三是建立了孕产职工微信群。邀请妇产科主任及护士长入驻,及时解答各类妇科、产科及新生儿问题,此举受到全院女职工的欢迎和好评。四是开设 EAP 系列课程。通过钉钉线上链接推送,职工可根据需求反复观看。主要内容有:"身心同治之旅""得失之间,读懂自己和他人""一字一句,言语伤人亦疗人""自我认同"等 8 项心理疗愈课程。

四、举办特色亲子活动,促进家庭健康和谐

一是举办"体验职业的荣耀,感恩母亲的伟大"职工子女职业体验活动(图 4)。为了让职工子女切身体会母亲的辛苦和伟大,院工会通过组织职工子女实地参观医院产科,通过看 B 超、听胎心、看动画了解助产士工作内容,感受母亲孕育生命的过程,增进子女与母亲的情感交流;同时通

图 4 "体验职业的荣耀,感恩母亲的伟大"职工子女职业体验活动

过参与了解职工的日常工作，让孩子对母亲的职业更有自豪感和归属感。该项目也获得了"我为医务女职工办实事"上海市卫生健康系统女职工工作品牌提名奖。二是组织开展了一系列亲子游活动。为了促进家庭成员之间的互动和亲子关系的发展，院工会组织开展了参观临港天文馆、郁金香胜地鲜花港和被誉为"低头看书，抬头看湖"的网红打卡地朵云书院等活动，旨在为家庭提供一个共同的时间和空间，让家长和孩子们一同参与其中，享受亲子互动的乐趣，促进亲子关系和谐健康。

五、开办职工子女暑托班，解决职工后顾之忧

暑假期间的孩子看护问题一直是职工迫切需要解决的难题。为了解决职工的后顾之忧，让孩子度过健康、安全、和谐、愉快的暑假，让职工安心工作，更好地服务患者，六院工会在党政领导支持下，决定举办职工子女暑托班。通过征集职工意见、实地勘察、安全把关，从教学环境好、校车接送便捷、教师专业性强等方面考虑，整合院内外资源，于2023年7月3日正式开设市六医院"爱心暑托班"。暑托班覆盖整个暑假，入托子女年龄范围从幼儿园至初中，职工只要有需求就都能接收。首期暑托班共计入托154人。办班地点离医院仅5分钟车程，每天早晚均有校车接送孩子。暑托班设置了丰富多彩的课程，除了辅导完成暑假作业，还设有户外运动、积木编程、创意美术、音乐课、科学实验、阅读赏析等课程。经验丰富的老师采用互动式教学方法，寓教于乐，深受孩子们的喜爱。不仅安排了丰富的课程，还安排幼儿午休，保证孩子健康生活作息。此外，为保证孩子的安全及管理，每班都控制在10人左右，院领导每月偕相关职能部门领导现场进行安全检查及慰问。两个月的暑托班期间，带给孩子们快乐难忘的体验。在结业仪式上，孩子们展示的学习成果，让职工深感满意和欣慰（图5）。

图 5 暑托班结业仪式成果展示

点评 **COMMENT**

上海市第六人民医院工会着眼于女职工的迫切需求和关注重点,为她们提供全方位的关爱服务,并将服务对象扩展到职工家庭子女,通过多种工作载体,为职工提供婚恋支持、母乳喂养支持、育儿支持、心理健康支持、亲子关系支持及职工子女暑假托管支持等一系列的服务,切实为职工办了实事,解决了职工生活工作中遇到的困难和问题,提升了职工的获得感和满意度,提高了职工对医院的归属感和凝聚力。

复旦大学附属儿科医院工会

关心"医二代"成长 为女职工排忧解难
——儿科医院工会实施职工子女正向成长关爱计划

青少年的成长与发展一直是职工关心关注的问题，为了帮助女职工们优化亲子关系，促进职工子女的健康成长，儿科医院工会实施《职工子女正向成长关爱计划》，该计划以职工子女为对象，以医院志愿服务为载体，通过组织职工子女暑假志愿服务活动，在为就医的患儿家庭提供便利的同时，让"医二代"孩子们了解和体会父母的工作，优化职工家庭亲子关系；激发青少年的内在爱心和奉献精神，提升自我传递正能量。

一、明确目标，搭建青少年志愿服务平台

儿科医院青少年正向成长关爱计划以5～18岁的医二代职工子女为对象。医院工会通过需求评估，搭建志愿服务平台，针对青少年不同年龄段的不同特点，开展职工子女志愿服务项目。以志愿公益引导其思想道德建设，启蒙青少年志愿服务意识，弘扬"奉献、友爱、互助、进步"的志愿服务精神，传播志愿服务文化；同时加强职工子女对于医学的了解和父母工作的支持，培养青少年从医志向，树立和培育正确的理想信念和奋斗目标；培养职工子女社会责任感，提升学生的社会实践能力和人文素养。

该计划的实施有严格的岗前培训制度、翔实的管理流程和符合青少年心理的考核激励制度，应急管理制度等，有效地确保了社会实践的规范性和安全性。

二、设立多种项目，组织不同年龄段的青少年开展志愿服务

针对5～7岁儿童，设立"梦想医学院"。 共有152人次职工子女及其同学参与梦想医学院体验。以"智能+游戏+人文"的医学体验式教育，启迪儿童自主健康管理意识，增长儿童伤害预防知识，传播儿童健康促进理念（图1）。

图1 "梦想医学院"

针对8～11岁儿童，组织"爱心义卖"和"儿童观察团"。 先后有45人次参与院内爱心义卖活动，整合社会资源让儿科医院职工带着孩子一起做公益，拉近亲子距离，通过义卖的方式来帮助患病儿童，培养学龄期儿童的志愿服务意识（图2）。

每年寒暑期各组织一场职工子女"儿童观察团"专场，累计有180人次参加，培养学龄期儿童志愿服务意识，给孩子赋权，让孩子参与医院的治理中来，改进医院的就诊环境、流程，提升青少年的能力。

图 2　爱心义卖

针对 12～16 岁青少年，组织"体验从医路"活动。先后有 94 人次参与体验父母从医路活动，让职工子女通过体验门诊志愿者服务和医疗岗位工作，了解志愿服务和医护人员的工作，培养敬业奉献的精神，同时让青少年在体验中增进对医学的兴趣树立从医的志愿。

对 16 岁以上的青少年，组织"高中生志愿服务"活动。有 126 人次职工子女参与门诊服务，让高中生志愿者参与社会实践，锻炼与人沟通的能力、增强志愿服务的理念，学会自主式管理，提高思想道德综合素质。

关爱计划由医院工会、社工部共同组织实施。

三、工作成效

儿科医院职工对医院工会、社工部举行的关爱活动积极响应参与。2013 年至 2023 年 12 月，共计有近 820 人次的医务职工子女参与了儿科医院青少年正向成长关爱活动，并得到了医院职工的充分肯定。认为职工子女通过志愿服务，增加了对社会的了解和体验，锻炼了沟通和面对突发事件的随机应变能力；学会体恤父母的辛劳，更加理解支持父母的工作，促进了亲子关系，有之前母女关系紧张的家庭也因此而获得关系改善；在服务中培育了集体精神并收获了真挚的友谊；感受到医务人员的辛苦付出和服务精神，对志愿服务价值有了更多的认同。同时，激发有志从医的青少年树立和培育正确的理想信念和奋斗目标，其中有若干名职工子女长大高考时选择与医学相关的专业并在医学院就读。2021年，该项目荣获上海市卫生健康系统女职工工作优秀品牌奖（图3）。

图3 获2021年上海市卫生健康系统女职工工作优秀品牌奖

点评

儿科医院职工子女正向成长关爱项目以志愿服务为载体，医院工会和社工部搭建志愿服务平台，组织职工子女开展志愿服务，创新青少年人文素养培养方式，以志愿公益引导其思想道德建设，在为患者提供热情服务的同时，也为职工子女的锻炼成长提供了环境和条件。对于职工来说，是一件功在当前、利在长远的好事实事。

上海交通大学医学院附属新华医院工会

"萌新宝妈加油站" 为医务女职工心理健康赋能

2022年，上海交通大学医学院附属新华医院工会承接了上海市医务工会2022年理论研究重点课题"'三孩政策'下医务青年女职工权益保护与人文关怀机制研究"（2022YGL21）。项目组关注到，近年来，国家实行"全面二胎"政策，紧接着又有"三孩政策"出台，但我国生育率依然处于低谷，其背后有深层原因，但职场女性在工作、家庭平衡中所处的困境，仍是重要因素。了解到医务系统育龄期女职工尤其是"新手妈妈"群体遇到了诸多压力，心理健康面临挑战的情况，设立了医务职工新手妈妈心理健康关爱项目，从理论和实践的结合上，开展这项课题的研究。

本项目由新华医院工会联合妇委会、团委、医务社工部联合开展并实施。研究和服务对象主要为备孕期、孕期及宝宝学龄前的医务职工（简称"新手妈妈"）。项目主要从搭建内部交流平台、打造共享互助体系、开展多彩多元活动、建立精准科普资源库四个方面开展（图1）。

一、成立"萌新宝妈加油站"，搭建内部交流的平台

2022年2月23日，"萌新宝妈加油站"微信群组建并试运行（图2），3月8日正式面向全院推广，持续宣传，招募有需要的职工加入。截至2023年11月，已有251位新手妈妈加入其中，群内分享孕产养育科普资源链接400余个，在线答疑或协助解决有关问题500余个。孕妈、宝妈通过微信群获取各类资源，缓解焦虑情绪。

```
·组建微信交流群        ·职场"背奶妈妈"
·持续面向全院招募    交流平台    多元活动    专题讲座
 成员                                        ·新手妈妈成长小组
·链接内外部资源                              ·"绘本云伴读"亲
                                              子活动
                    萌新宝妈
                    加油站
·多学科专业志愿者                            ·收集整理各渠道孕
·"过来人"一对一    互助体系    科普资源库    产育儿知识
 志愿者                                      ·"AI群管家"科普
·鼓励互助共享                                 内容精准定位
```

图 1 "萌新宝妈加油站"项目服务内容框架图

图 2 "萌新宝妈 VIP 俱乐部"成长小组服务截屏

二、打造共享互助体系，为新手妈妈提供志愿服务

2022年3月，项目组招募本院专业志愿者，组建"萌新宝妈加油团"，团队成员皆为青年女性职工，涵盖妇产科、行为发育儿童保健科、新生儿科、内分泌科、临床营养科、临床药学部、中医科、儿内分泌遗传代谢科、儿血液肿瘤科等科室，携手女性力量为新手妈妈和宝宝们保驾护航，改善医务女职工身心健康状态，也积极号召、倡导社会对医务职场妈妈的理解和关注。交流群也鼓励新手妈妈们分享来自各自专业的有关信息和资源，为其他新手妈提供力所能及的帮助，在群内实现"人人志愿"的互助氛围。

三、开展多元多彩活动，助力新手妈妈学习成长

项目组的志愿者们对住院生产的宝妈们开展个案探访，评估新妈妈生理—心理—社会层面需求，提供现场支持。针对职场妈妈普遍会遇到的母乳背奶问题，项目组在群内开展"职场背奶妈妈与母乳储存"专题分享并生成课程链接，供宝妈随时学习。

2022年5月10日母亲节起，群内8位产后3月内的"超新手妈妈"加入了"VIP成长小组"，在专业社工和志愿者支持下，开展了持续4个月8节次720分钟的系列小组活动，活动涉及新生儿喂养和生长发育、新妈妈挑战和角色适应、新手爸爸参与、职场家庭平衡、个人成长、养育方式选择等，大家相互陪伴，互帮互助，顺利回归适应职场。

四、建立科普资料库，引进信息和知识服务资源

项目组还将本院有关孕产育儿的科普资料进行收集，分类整理，不断完善科普资源库，利用群管理工具，设置"AI群管家"关键词查询功能，帮助宝妈根据个人需求高效查找、精准定位所需内容。项目组还不断引入"绘本云伴读""云上六一"等服务资源，增进医务职工亲子关系，让在一

线工作的职工们安心。

新华医院工会这项研究项目获得职工的欢迎和肯定。2022年8月，在108份问卷反馈中，36.11%的宝妈认为"萌新宝妈加油站"微信交流群对自己"帮助非常大"，48.15%宝妈认为"帮助比较大"；认为帮助最大的是"了解到需要的母婴育儿知识"，其次为"遇到困惑或困难时得到帮助""获得感兴趣的活动和福利信息"，并表示通过这一项目，更加感受到友爱的互助氛围和职场的温暖，希望这一项目"一直存在，越办越好"。

> **点评 COMMENT**
>
> 本案例获中国医院 EAP 联盟"突发公共卫生事件下医务人员心理健康关爱最佳实践"2022年度优秀推广案例奖。其整合多方面的专业力量和社会资源，利用开放、简易的线上服务工具，为青年女职工的心理健康促进提供了及时、有效的帮助，展现了医疗机构对青年女职工的充分的、特别的关爱。这在当下，是值得重视和可推广的经验分享。

上海交通大学医学院附属仁济医院工会

开展职工家庭服务　增进职工家庭幸福

幸福和谐的家庭家风是职工情绪稳定自我幸福感提升的重要因素。近年来，上海交通大学医学院附属仁济医院工会在实施关爱职工实事项目中，重点帮助职工解决子女看护困难，组织开展各种以职工子女、家庭为对象的文体活动，帮助职工解决后顾之忧，提升职工幸福感。

一、办好爱心暑托班，为职工解决后顾之忧

2016年起，仁济医院工会响应市总工会号召，参与"上海市总工会职工亲子工作室"建设实事项目，院工会、妇委会联合举办职工子女爱心暑托班（又称"亲子工作室"），解决职工孩子暑期"看护难"的实际困难，得到职工的欢迎和肯定。医院高标准办好职工子女暑托班，按照要求配备教学老师和大学生助教；制订计划，安排专属特色课程，结合医院特色，为"医二代"开设心肺复苏急救技能培训课程等；联合医院职工食堂全面做好餐食保障。2023年，仁济医院爱心暑托班再次开启，在东、南两院区分别开办，近70名职工子女参加。暑托班安排了思维训练、"Let's talk."、参观实训中心、快乐烘焙等丰富的课程内容，引导小朋友们融入各项活动，在轻松愉悦的氛围中学习知识、开阔眼界。丰富多彩的活动让入托的职工子女建立了友谊，度过难忘快乐的暑假，也帮助医务职工减轻压力、全身心地投入医疗工作中，为医院的和谐发展注入了新的动力。

此外，仁济医院工会还在节假日等时间为职工子女安排丰富的活动，

如组织职工子女"云"游参观上海市工人文化宫VR展厅（图1），让小朋友们了解百余位上海工匠的故事；"六一"儿童节，在全院区开展职工子女才艺作品征集、评比和展示活动；临近中高考之际，仁济医院工会邀请职工家属中任教初三、高三且有指导经验的老师，通过线上平台为职工子女提供课程辅导、答疑解惑。

图1　仁济"蛙"参观上海市工人文化宫

二、举办亲子活动，为职工创造家庭陪伴的机会

仁济医院工会关注职工的家庭陪伴需求，搭建活动平台，举办内容丰富形式多样的活动，让职工有更多的家庭陪伴机会。2019年起，仁济医院工会每逢春节、"六一"、中秋等重要节日，在全院举办了各种亲子活动，丰富职工文化生活，增进亲子之间的情感交流，营造和睦和美好的家庭氛围。2023年，仁济医院工会进一步探索活动模式，分别以当下热门的"运动""烘焙""烧烤"为主题，举办了三期亲子嘉年华活动（图2），组织了

职工家庭"一日游"等深受职工喜爱的活动（图3），各个院区职工踊跃参与、反响热烈。

图2 "亲子乐翻天 快乐无极限"亲子嘉年华活动

图3 家庭版"一日游"参观豫园

点评

仁济医院工会关爱职工，积极回应职工的所需所盼，为职工家庭提供支持服务。通过举办爱心暑托班、亲子嘉年华等各种丰富多彩的活动，帮助职工解决实际困难，增进职工与家庭的和谐关系。工会积极服务职工，营造了医院内部和谐愉快的氛围，进一步提升了职工的幸福感、获得感，增强了职工对工作单位的归属感和凝聚力。

上海市普陀区妇婴保健院工会

健康直通车　服务零距离

普陀区妇婴保健院是区内唯一的一家二级甲等妇幼保健专科医院，医院在60余年的发展中形成了鲜明的妇产专科特色，培育了"妇幼健康大讲堂""妈咪宝贝帮"等广受欢迎的妇婴健康促进项目，获得了广泛的社会好评。2023年3月，医院工会在党组织的领导下，在普陀区总工会的大力支持下，推出"爱妇幼　普健康"女职工健康直通车项目（图1），为全区妇

图1 "爱妇幼　普健康"女职工健康直通车项目启动仪式

女提供科普、咨询、体检、就诊等一体化全方位的健康服务，践行了"我为群众办实事"的初心。

一、面向全区女职工的健康大餐

"爱妇幼　普健康"女职工健康直通车项目，包括以下内容。

"一台情景剧"　编排情景剧《直通车　医路行》，通过医护人员的倾情演绎，还原育龄期、婴幼儿期、更年期、老年期等女性全生命周期中女职工可能面临的健康问题。为辖区女职工提供健康科普服务。

"一个云课堂"　根据公众需求和健康热点策划健康科普选题。女职工只要打开手机，关注公众号或视频号，便可随时随地获取看得懂、学得会、用得上的妇幼健康科普知识套餐。

"一支专家团"　邀请二、三级医院妇幼专家组成服务团队，进园区、进企业，充分发挥专业特长，"零距离"为女职工提供义诊咨询（图2）、科普讲座、预约就医等服务，将科学、专业、可及的"健康大餐"送到女职工身边。

图2　专家义诊咨询

"千人免费检""直通车"为区内10个工业园区女职工提供共1 000个免费妇科、超声、钼靶检查名额,通过"普工英""普妇婴"平台及线下同步开放预约,为女职工送上了实实在在的福利。

"一台情景剧""一个云课堂""一支专家团""千人免费检"等健康促进工作,为辖区广大妇女儿童特别是园区女职工,提供了个性化、全方位、全生命周期的健康服务和保障。

二、提升女职工健康素养

"爱妇幼 普健康"直通车项目推出了丰富的女职工健康服务内容,"妇儿健康云课堂"在普陀区总工会"普工英"公众号和医院"普妇婴"视频号发布了《科学备孕迎"好孕"》等原创科普短视频22条(图3),累计观看量约2万人次;来自二、三级医院的专家共69人次赴园区开展义诊、沙龙、讲座,累计服务园区职工约3 000人次;女职工985人次通过线上、线下途径,成功预约并完成妇科、乳腺免费体检,"提升健康素养,做自己健康第一责任人"的理念更加深入人心。

图3 录制原创科普短视频

"直通车"项目已覆盖全区10个产业园区约万名女职工，使她们不出园区就能享受到二、三级医院妇幼专家提供的义诊咨询、健康科普等服务，同时享受到免费专项体检、就诊绿色通道等优质服务。有助于实现疾病的早发现、早诊断、早治疗，提升女职工健康水平，增强了女职工的获得感幸福感。

"直通车"项目的实施，通过覆盖健康教育、疾病筛查、慢病管理等诸多领域的健康促进工作，密切了医患关系、促进医院精神文明建设，提升了医院的知名度、美誉度，进而提高医院的经济效益和社会效益，促进医院的可持续发展。

> **点评 COMMENT**
>
> 普陀区妇婴保健院工会树立"以人民健康为中心"的理念，面向全区女职工，推出包括科普讲座、义诊咨询、体检就医等医疗健康服务项目，让女职工享受到丰厚的健康服务大餐。他们以实际行动践行了"我为群众办实事"的初心，提升了职工群众的获得感和满意度，也提高了医院的社会美誉度，促进了医院的可持续发展。

07 EXPERIENCE 实践

强化工会组织自身建设

上海市第一人民医院工会

推进智慧工会建设　打造服务职工的网络平台

为适应网络信息技术快速发展的形势，为职工提供便捷及时的服务，2021年，上海市第一人民医院工会借助"智慧医院"的信息化力量，推进"智慧工会"建设，构建"进一网，能通办"的工会信息化服务平台，畅通职工意愿的表达渠道，极大地方便了职工，提升了工作效率。

一、探索普惠性服务的新模式

基层工会在日常工作中承担了大量涉及职工利益的福利和慰问工作。各类职工福利报销，如生育、结婚、住院、丧葬慰问等，从申请填表、逐级签字审批和提交院工会审核，整套流程烦琐。往往需南北两院区多次跑，用时长、工作量大。院工会将职工福利报销项目，通过模块化方式，融入医院大数据平台，在实行人员相关信息共享的同时，简化福利报销及慰问品申领流程，做到让信息多走路，让职工少跑腿。具体方法如下。

（1）以微信作为项目搭建平台，做到职工全覆盖。

（2）新建"工会工作"模块，职工可进行业务申请、查询业务办理进度及历史记录。

（3）加入"职工福利报销申请"子模块，对模块进行流程设计，以职工住院慰问金为例，系统模块自动识别职工个人信息，无须手动填写，个人输入出入院日期、诊断等信息后系统自动计算出住院天数，并匹配计算慰问金额。

（4）在内网 PC 端设计数据浏览、汇总、导出网页，可一键导出报销项目汇总表、凭证附件材料电子版等，做到有据可查（图 1～3）。

图 1　职工手机端操作界面

图 2　职工手机端操作流程界面　　图 3　后台信息统计动态数据界面

二、畅通职工利益诉求的表达渠道

市一医院工会把畅通职工诉求表达渠道，加强职工民主管理作为工会信息化工作平台建设的重要内容。在医院微信大数据共享前提下，设计开通了职工"民情月报"手机端管理平台，职工的需求、意见和建议可以在平台上提出，后台由院工会根据具体内容，对接相关职能部门，限时协调处理解决，并监督解决处理过程，职工可以通过平台与管理层对话，参与民主管理，了解解决最关心、最直接、最现实的利益问题。

市一医院工会"一网通办"项目实施以来，共收到并处理完成职工申请的福利报销2 332项，其中生育慰问279项、结婚慰问259项、丧葬慰问金145项、住院慰问金877项、退休慰问165项，职工集体生日活动申请607项；"民情月报"模块共收到职工意见建议100余条，全部回复并协调处理。借助信息化技术及平台，为职工搭建方便、快捷、高效的"一网通办"平台，提升了职工的获得感、幸福感和满意度，工会的桥梁纽带作用得到更好体现。

> **点评 COMMENT**
>
> 新时代的工会工作，要不断深化"维护职工权益，竭诚服务职工"的工作内涵。智慧工会"一网通办"的核心在于"办"，重点是信息化流程的"通"，落脚点则是职工的便利以及工作的高效。建设"智慧工会"，提升了职工办事的感受度、获得感，体现了建设服务型工会的价值追求和思维，促进了工会组织网络化、办公智能化和服务普惠化，提高了工会组织服务职工的能力和效率。

上海市闵行区梅陇社区卫生服务中心工会

借助"会助理"平台　推进工会工作提质增效

梅陇镇地处闵行区东北部，辖区面积 28 平方千米，常住人口 31.45 万。梅陇镇社区卫生服务中心下设有一个中心，两个分中心，一个门诊部，四个团队和八个村卫生室。中心现有职工 374 人，分别在中心、各分中心、服务站点工作，部分职工因岗位需要，工作地点时有变动。以往，中心工会通过微信工作群、集中会议布置等形式，通过班组长将工会相关工作事项进行上传下达。但由于人员分散，集中困难，有时因工作地点变动，信息获取不对称，给工会服务、活动组织等方面工作带来诸多不利。为了能更精准、及时地服务职工，提高职工的认知度和满意度，中心工会积极探索工会工作的信息化管理，提高信息传递的全面性和覆盖面，确保工会工作更加高效、顺畅。

一、信息化管理的主要措施

2023 年初，中心工会在行政的大力支持下，将原先为落实食堂信息化管理而开发的"会助理"系统，拓展为全中心的信息化综合管理平台。工会管理作为其中单列的一个模块，根据实际工作开展的需要，在下设菜单的设计制作中进行细化。

"关心关爱"暨"帮扶慰问"栏　中心工会把日常帮扶、大病救助等工作与互联网紧密结合，职工可以通过手机端实现帮扶救助申请，拍照上传各类证件及所需报销单据。工会安排专人负责后台的查看和审核，保护好职工隐私。同时，后台快捷的查询统计功能，为分析研判相关工作的开展落实情况提供了可靠的数据支撑。

"社团预约"栏 根据前期职工文体活动需求调查结果，对活动参与意向较集中的项目，中心工会抓紧予以落实，年内组建了瑜伽和羽毛球两个社团，利用"会助理"开通社团网上预约服务，制定社团预约制度，社团管理制度，引入违约处罚机制，通过信息化管理，规范社团运作，促进社团活动场地高效利用（图1）。

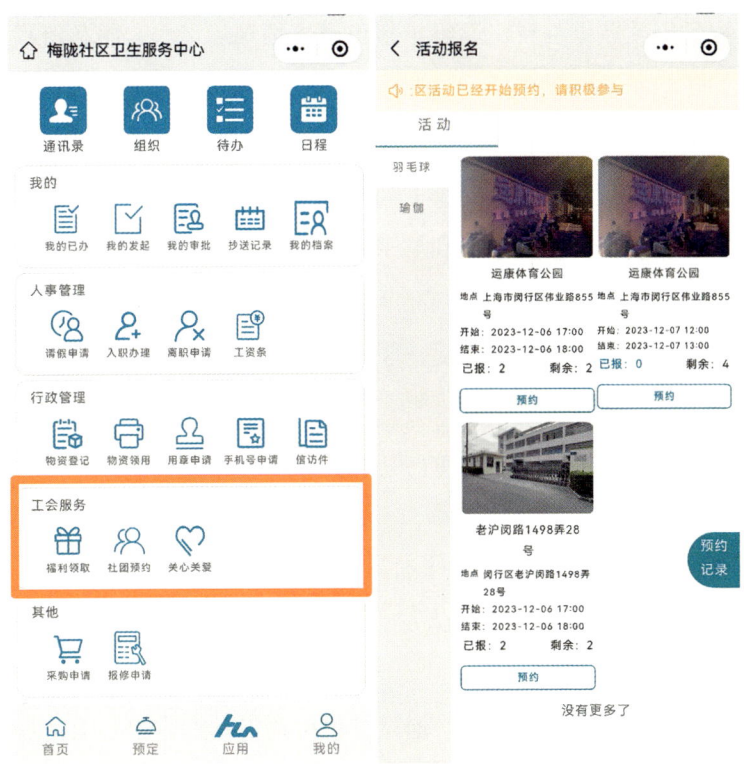

图1 "会助理"工会板块内容及社团预约页

"福利领取"栏 根据中心点位多、人员分散等特点，在每次集中福利发放之前，中心工会提前通知职工在"福利领取"菜单下快速选择领取地点，使信息统计更为便捷、准确，避免以往由各工会小组长逐级统计上报造成的周期长、信息有偏差等弊端。

"单位通告"栏 中心工会将重要文件、制度、通知进行公开公示，让职工能够更全面、及时了解中心工会的服务内容和工作进展，强化了与职工之间的互动。

二、信息化建设的成效

工作效率显著提升 工会网上系统的开发建立，改变了以往填写纸质申请、准备相关票据资料、逐级申报审批等烦琐的工作，服务流程更为清晰顺畅，既方便了职工办理相关业务，又极大地减少了工会管理人员的工作量，提高了工作效率。

职工认知度和满意率提高 工会网上系统在设计中注重简洁实用，操作方便，所设项目与职工切身利益密切相关。虽然在刚推出时，个别职工有些小牢骚，但在各级工会干部的耐心宣传解释下，通过几次操作指导，大家都切身体验到了其中的便捷，职工对网上操作的认知度和满意率明显提高。

社团服务成果显著 社团活动由于场地因素，每次可预约人数有限额，每到预约时间开始，大家都有一种抢票的体检。经过近一年的运行，现在职工们都已习惯了这一公平有序的节奏，也乐意参与其中，截至11月底，两个社团共计预约794人次，统计显示职工参与人数有逐渐增多趋势。

信息公开推动服务透明化 通过"单位通告"栏，中心工会及时将重要信息向职工公开公示，实现工会工作内容阳光透明，在提高职工对工会工作了解的同时，扩大了职工对工会工作的知晓度，进而激发职工的参与度（图2）。

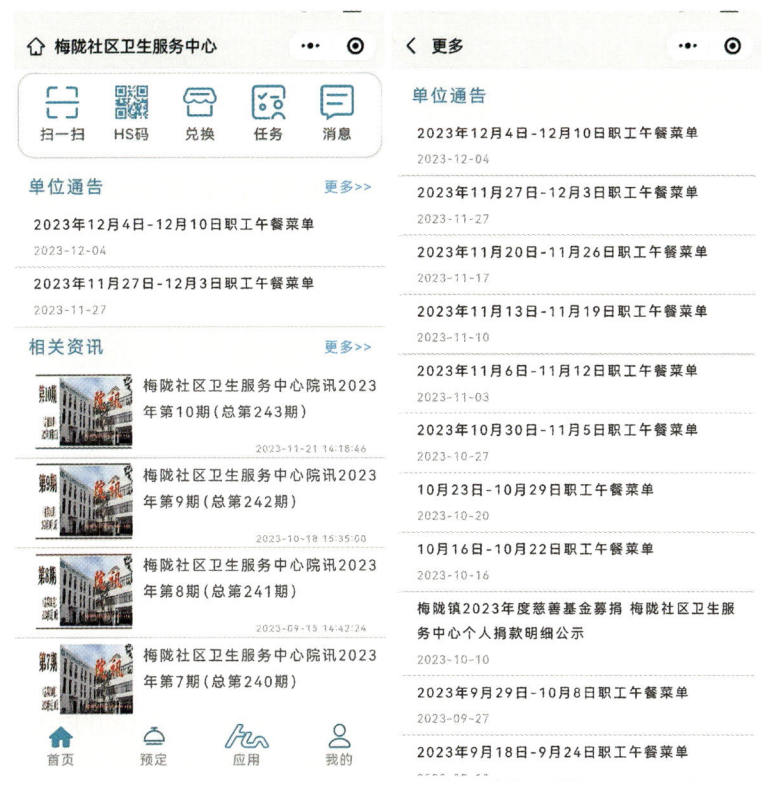

图2 "会助理"首页，单位信息公告页面

点评 COMMENT

梅陇社区卫生服务中心工会开发"会助理"信息化管理系统，借助医院资源，使工会工作通过网络平台，实现与职工的对接，优化了服务流程，提升了工作效率，这是工会创新工作方法的一次探索。信息化为工会组织增添了新的活力，使其更好地服务职工，增强了工会组织的吸引力和凝聚力。

上海市静安区医务工会

履行维权服务职责
当好新就业形态劳动者的"娘家人"

上海市静安区卫生健康系统有新就业形态劳动者700余人，分布在区内24家医疗服务机构中，他们主要从事护工护理、物业保安、保洁环卫工作，是卫生行业劳动者的重要组成部分。根据2021年7月20日全总召开的新就业形态劳动者权益维护工作会议精神，以及2022年1月新修订《工会法》所明确的工会组织服务新就业形态劳动者、维护其合法权益的职责，静安区医务工会积极探索服务新就业形态劳动者的途径，以开展维权服务为重点，切实把党和政府的关怀和工会组织的关心关爱传递到他们的心坎上，以扎实的维权服务举措，擦亮做实"两个信赖"的工会金字招牌，促进新就业形态劳动者体面劳动、舒心生活。

一、夯实基础，在扩大建会入会上见实效

建会入会是工会工作的基础。静安区医务工会从2019年起，就将吸纳新就业形态劳动者加入工会组织作为工作重点。医疗卫生机构新就业形态劳动者的主要群体是护工、安保、保洁人员。他们的用工形式灵活，组织联系松散、流动性强，第三方企业与职工、职工与职工之间的沟通松散、碎片化，根据其劳动关系特点，属于灵活就业群体。区医务工会与相关负责人沟通，讲清楚灵活就业群体入会政策，可享受的福利以及相关经费支

撑。通过各级财政部门、各级工会组织下拨的专项经费，兜底吸纳灵活就业群体，为将更多劳动者纳入工会大家庭奠定好组织基础。最大限度地把他们吸引过来、组织起来、稳固下来。经过四年的运行，逐步形成了符合入会条件的新就业形态群体。

2023年6月19日，静安区护工行业工会召开第一届第一次会员代表大会，宣告首家区属公立医疗机构护工行业工会的成立。同时护工行业工会成为卫生行业新就业形态劳动者的代表。

二、聚焦发展需求，在提升服务能力上见实效

竭诚服务职工是工会工作的出发点和落脚点，是赢得职工信赖和拥护的基础。静安区医务工会坚持职工需求导向，顺应广大职工对美好生活的新期待、新追求，满腔热情做好服务新就业形态劳动者工作。围绕职工群体最困难最忧虑的实际问题，深入开展"我为职工办实事"活动，将网上普惠、技能竞赛、困难帮扶、法律援助等作为重点服务项目，以优质的服务吸引职工，赢得职工的欢迎和赞许；广泛开展面向新就业形态劳动者的职业教育培训、岗位技能培训、职业技能竞赛等活动，优化培训方式，丰富培训内容，覆盖更广泛的服务对象，推动职业素质整体提升。

2023年11月10日，由静安区医务工会主办，静安区护工行业工会、静安区中心医院工会、静安区卫生人才培训中心承办的静安区护工行业劳动技能竞赛拉开帷幕（图1），来自18家区属医疗单位选派的选手参加了比赛。上海市护理学会副会长、秘书长庹焱做了精彩点评。

三、突出职工所盼，在完善权益保障上见实效

灵活就业群体流动性强，工作地点分散，他们的入会流程与一般职工

图 1　静安区护工行业劳动技能竞赛

不同，工会的服务方式和福利支持也需要在工作上进行创新。静安区医务工会为入会的灵活就业人员新办上海工会会员服务卡，实现了上海工会会员服务卡的全覆盖。同时，实现了灵活就业群体专享保障、工会会员卡专享保障（A类）双保障。静安区某公立医疗机构为新就业形态群体申请住院天数补助金、意外伤害保障金20余人次，特种重病保障金3人次。工会工作人员在为灵活就业群体办理意外伤害保障时，也遇到了诸多难题，需要在今后的工作中进一步探索完善。

区域内大部分医疗机构，每年安排新就业形态会员健康体检，把促进新就业形态会员身心健康列入重要工作日程，积极回应他们的所需所想，把"娘家人"的关怀和温暖送到他们心中。

工会针对新就业形态劳动者开展了"冬送温暖，夏送清凉"慰问，为他们送去了暖心慰问品或防暑降温用品，不断增强他们的获得感和幸福感，提升他们的归属感。

点评 COMMENT

静安区医务工会顺应医疗卫生系统劳动用工的新特点，呼应新就业形态劳动者对美好生活的新期待，积极履行工会的维权服务职能，在推动新就业形态劳动者建会入会，提升工会组织的维权服务能力，完善新就业形态劳动者群体的权益保障方面进行了探索，取得了实效，得到劳动者的欢迎和肯定。他们的探索，对于工会组织如何适应当前劳动关系的新特点，当好劳动者的"娘家人"，提供了有益的启示。

上海市松江区泗泾医院工会

以文化建设助力打造温暖职工之家

上海市松江区泗泾医院工会，探索实践医院家文化建设，以"泗家人"为响亮符号，传递"把每一位来院患者都视作家人，让每一位职工都能感受到家的温暖"的理念，发挥工会在医院文化建设中的积极作用，让春风化雨、润物无声的文化力量，推进和谐医院建设，增进职工的幸福感与患者的满意度。

一、打造有形之"家"文化，展示医院形象

泗泾医院工会以"泗家人"为标签，打造富有特色的医院文化。"泗家人"取义"似家人""是家人"，旨在营造亲如一家的文化氛围。一是打造文化墙，营造沉浸式家文化氛围。文化墙以医院的历史、文化、荣誉和价值观为核心内容，通过视觉呈现，使职工在无形中感受到家文化的深厚内涵。同时，这些文化墙作为医院对外展示的重要载体，向来访者展现了医院的独特品牌形象和文化底蕴（图1）。

二是在文化墙展示家文化口号，传递温暖与归属感。"泗家人，给您家的温暖！"这一简洁而富有感染力的口号，准确传达了家文化的核心价值。在医院各处都醒目地展示这一口号，使职工时刻铭记家文化的核心，传递了医院的关怀与温暖，进一步增强职工对医院的认同感和归属感。

三是打造职工小家，深化家文化实践。2023年，工会进一步完善了"爱心妈咪"小屋和职工之家的功能，新建了急诊职工休息室，为职工创造

图 1 医院住院部大厅文化墙

良好的工作环境，让职工感受到了医院的关怀与温暖，激发职工的工作热情和创造力，促进医院形成和谐温馨的整体氛围（图 2）。医院手术室工会小组获评 2023 年上海市模范职工小家。

图 2 手术室模范职工小家文化墙

二、建立多样化社团组织,传递家之关爱和温暖

工会在职工中建立了多样化的文化社团,有医路书香书友社、泗有青年说、泗家人跑团等 14 个社团,内容涵盖文艺、体育、学术等多个领域,为职工提供了多种选择,社团月月有活动,丰富了职工业余文化生活。职工因兴趣相聚,为热爱同行,在社团活动中,不仅发挥自己的特长和兴趣,而且能够结交志同道合的朋友,拓展人际关系。社团活动为职工带来了快乐和放松,提供职工展现自我、锻炼能力的平台,更传递了家文化,增强了职工凝聚力。

此外,还有"夕阳也温暖""泗家人好医生工作站""荷糖阅社"糖尿病小屋等 8 个公益项目常态化开展公益服务(图 3)。通过参与公益项目为社会服务,不仅增强了职工社会责任感和职业使命感,还提升了医院的品牌形象和社会声誉。同时,这些项目也让职工感受到医院大家庭的温暖和关爱,进一步增强了职工的凝聚力和归属感。"泗家人"志愿者已在泗泾地区形成了一道靓丽的风景线,2021 年,"泗家人"团队被评为感动松江先进典型。

图 3 泗家人好医生工作站

三、开展民主管理，促进家之和谐

医院以办成一家老百姓家门口的好医院为目标，注重民主管理，积极推行党员志愿者、院外监督员等制度，使职工能够参与到医院的管理和监督中，充分发挥职工的主体作用。同时，工会还定期组织门诊服务体验等活动，让职工深入了解患者需求和就医体验，从而更好地提升医疗服务质量。通过民主管理，职工的积极性和创造性得到了进一步激发，医院的管理水平和服务质量也得到了显著提升。为促进职工的身心健康，工会探索开展心理健康服务，通过组织文化引领、政策制度保障、心理科普教育、心理咨询门诊、巴林特小组和心理健康网络六个方面建立医务人员心理健康服务体系，为职工提供全方位的关怀和支持。牵头开展了"医务人员心理健康影响因素及政策建议研究"的课题调研。

在最新公布的2021年上海市区属二级公立医院绩效考核成绩，松江区泗泾医院位居同级同类33家单位第四名，连续三年第三方满意度测评位居本区综合性医院第一名。

> **点评 COMMENT**
>
> 松江区泗泾医院工会以"泗家人"为响亮标签，建设医院"家"文化，打造医院充满关爱、亲如家人的工作环境。温暖关怀的"家"文化，提升了职工的凝聚力和归属感，为医院树立品牌形象、实现核心价值观和高质量发展提供了强劲动力。

上海健康医学院附属崇明医院工会

竭诚服务职工　增进职工福祉

近年来，上海健康医学院附属崇明医院工会时刻牢记"人民群众对美好生活的向往就是我们的奋斗目标"，致力于关爱职工、为职工群众办实事，围绕党建引领的工作主线，坚持民主管理工作中心，从职工生活、健康、文化三个维度关爱职工，为职工幸福"升温加码"，从而发挥工会维护职工利益、促进劳动关系和谐的积极作用。

一、紧紧围绕"党建引领"的工作主线

医院工会围绕党建引领的主线，在党组织的领导下积极开展工作，凝聚发展合力。坚持党组织与工会组织同步设置，优化部门工会组织架构，成立12个部门工会，做到党组织建到哪里，工会组织就建到哪里，工会将每月向党组织进行工作汇报纳入工会工作的制度建设，每月向分管领导汇报工作中存在的问题和出现的难点，主动把工会工作纳入党务工作，依靠党组织的优势，扩大影响力，增强凝聚力，更好地履职尽责、发挥作用。

工会在党建引领下，加强职工队伍建设。开展多种形式的医德教育活动，如医德小故事征集活动及道德讲堂活动等，注重挖掘身边的先进人物和先进典型，引领广大医务工作者学习身边的先进典型，形成以榜样的力量为感召、以先进的事迹为激励的学习氛围，增强职业责任感。广泛开展岗位大练兵，根据岗位特点，组织灵活多样的练兵形式，提升职工岗位技能水平，营造了争做先进员工的良好氛围。

二、坚持突出"民主管理"的中心

为更好地倾听职工心声,工会定期召开"我与主席面对面"恳谈会,发挥好联系职工群众的桥梁纽带作用。在线上还开通"职工联系邮箱",了解一线职工的思想动态和实际困难,真正实现职工有所呼,工会有所应,如针对职工反映早餐食谱单一,希望丰富供餐品种的建议,工会与相关部门沟通,反映职工的意见建议,早餐的供应情况马上有了改观;面对用餐职工多、排长队现象,工会又协调食堂增设窗口、开通线下隔天预定、错峰提取等方式,改进了食堂用餐情况;根据职工反映,工会协调后勤部门增设机动车和非机动车停车库,解决职工停车难的矛盾,还增设了15个充电设施,让职工倍感贴心。正如有位职工所说的,大家反映意见的渠道增加了,建议被采纳了,幸福感提高了(图1)。

图1 医院召开青年职工座谈会

工会组织职工开展"医院发展金点子""文明创建啄木鸟"专项活动。

金点子征集活动发动全院职工为医院发展建言献策，对征集的金点子实行收集、反馈、跟踪、督办、应用转化全链条推进。"啄木鸟"督查小组由职工代表组成，每月两次围绕服务、秩序、环境三方面进行督查，对查到问题全部落实整改，并将落实情况及时反馈给职工代表。

三、立足"生活、健康、文化"三个维度为职工办实事

在开展年末双节送温暖、酷热夏日送清凉，传统节日送祝福等常规活动的基础上，做细做好各项工作。每逢职工生日，为职工送上生日贺卡及蛋糕券，本命年的职工更会欣喜地收到一双红袜子，礼物虽小，情意深切；举办青年联谊活动为职工交友牵线；每年的高温天，工会为"高温班组"送上冰冻绿豆汤和防暑降温用品，从细节之处彰显关爱（图2）。

图2　举办美妆沙龙

在关心职工身体健康方面，根据疾病谱的变化，优化体检项目，提高体检工作的针对性和有效性，体检后组织咨询会，邀请各科专家解析体检

报告中各项指标意义,并对每个职工进行个性化的健康指导,让职工明确防病治病对策。为了增强职工管理情绪的能力,还定期举行心理减压沙龙,通过倾诉、运动、音乐等一系列减压和管理情绪的方法,缓解职工工作压力,营造宽松和谐的工作氛围(图3)。

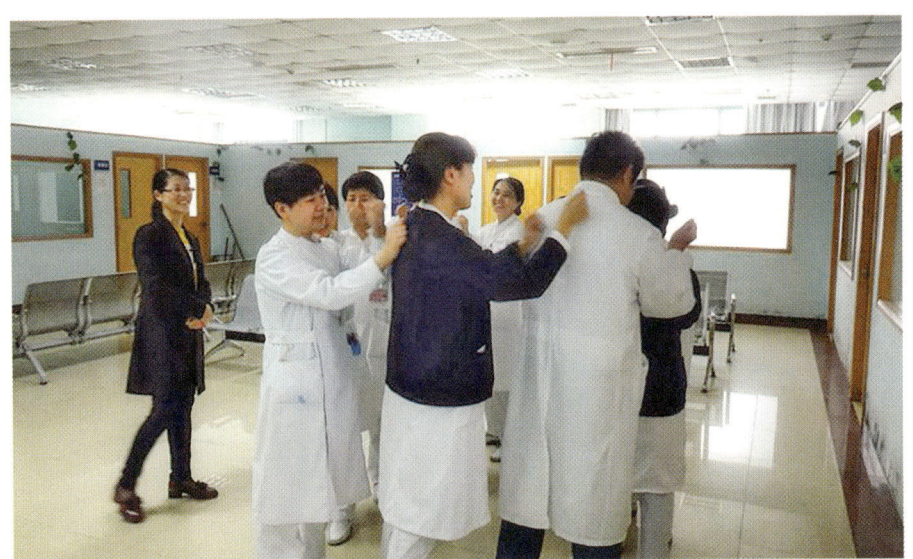

图3 举办解压沙龙活动

在文化活动方面,开设职工学堂,贴近职工群众需求,推出艺术插花、美妆培训、礼仪讲解、烘焙沙龙等深受职工欢迎的精品课程。通过延长活动周期、改变活动时段、创新活动方式、探索送活动上门和送课程上门等,不断提升职工对工会活动的参与度,让每个职工能参加到喜闻乐见、寓教于乐的工会活动中。全院职工团结一致、同心协力,围绕建设百姓信赖、职工幸福、同行认可、政府满意的现代化医院的目标而共同奋斗。医院赢得了社会和政府的高度评价。近五年来,先后获得第六届全国文明单位、上海市抗击新冠肺炎疫情先进集体、上海市卫生健康系统先进集体、上海市五一劳动奖状(专项表彰)等荣誉。

点评

上海健康医学院附属崇明医院工会在医院党组织的领导下，加强工会组织建设，深化民主管理，坚持从生活、健康和文化上关爱职工，为职工办实事，改善职工工作环境，提升职工幸福指数，得到了医院职工的认可和肯定。医院工会为建设和谐劳动关系，提高职工队伍素质和促进医院高质量发展，发挥了积极的作用。